絶対内定2025-2027
インターンシップ

我究館館長
藤本健司

ダイヤモンド社

何から始めればいいかすぐわかる！
インターンシップの悩みフローチャート

START

短期と長期があるのを知らない

参加したい企業がわからない

「大手」以外を検討すべきか迷っている

選考対策に不安がある

参加中、活躍する自信がない

より厳しい本選考に向けて、
万全の態勢で臨もう

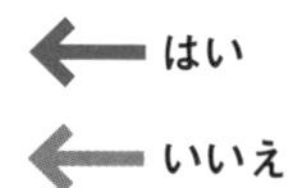

インターンに関する不安や疑問が全解決！

３分で全体像を理解！（P13）
参加するメリットも丸わかり（P27）。
先輩の体験談も読んでみよう（P233）

８つの判断基準（P51）と、
企業を絞り込む６ステップ（P83）で
志望先が見つかる！

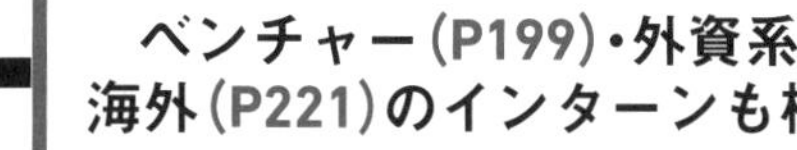

ベンチャー（P199）・外資系（P209）・
海外（P221）のインターンも検討しよう

エントリーシート（P117）・面接（P145）・
グループディスカッション（P165）
対策を徹底解説！

グループワークの進め方、
評価されるポイントがわかる（P181）

我究（P114）と筆記・適性試験対策
（P128）をしておこう

はじめに

僕は今まで1000人以上の就活生と向き合ってきた。

多くの学生が、総合商社や総合デベロッパー、外資系金融、外資系コンサルへ内定していった。その中には留学経験があったり、体育会に所属していたりと、華やかな経歴を持つ学生もいた。

ここまでで、この本を閉じたくなったきみ。ちょっと待ってほしい。

「自分はすごい人間じゃない。未来に希望を持ってもしょうがない。」と思っていないか？

結果的にすごい成果を出した学生も、就活を始めた当初は不安で自信がないということがほとんど。理想と現実にはギャップがあるものだ。有名な大学に入っても、周りの学生のレベルの高さに圧倒された。勇んで海外へ飛び出したものの、無力さにショックを受けた。アルバイト先で、学歴と仕事の能力は関係ないと痛感した。このように、誰しも課題を突き付けられる。

このとき感じる自信のなさや不安は、きみが成長するために不可欠なのだと忘れないでほしい。

大事なのは、その至らなさや不安に向き合い、成長しようと思えるかである。

では、理想と現実のギャップを埋められる人とそうでない人とでは何が違うのか。

結論は簡単だ。

行動したかどうか、もっと言うならば行動し続けたかどうか。その一点だ。

でも、一人でそれができる人はそういない。動き続けるには明確な目的意識と適切なサポートが必要だ。この本は、インターンという絶好の成長チャンスをサポートするために書いた。

ここで僕はきみに聞きたい。

何のためにインターンシップに参加したいのか。

「内定のため？」

「将来の安定のため？」

「自分をすごい人だと思ってもらうため？」

いろいろな理由があるだろう。それは、すべて正しいかもしれない。

ただ、この本を手に取ってくれたきみに改めて考えてほしい。

「本当に手に入れたいものは何か？　なぜそう思うのか？」

僕が館長を務めるキャリアデザインスクール「我究館」では、毎年9割以上の学生が第一志望の企業から内定をもらう。多くの学生が自分の欲しいものを手に入れられるのはなぜか。

それは、深く自分と向き合い、本当に欲しいものを言葉にすることで、それを手に入れるための成長プロセスが明確になるからだ。

本当に欲しいもののために、もしくは絶対になりたくない姿にならないために、人は全力で動く。ゆえに、自らの本音に耳を傾け、進むべき方向を決めた人は強いし、輝き始める。

人にはそれぞれなりたい自分がある。

グローバルに活躍できる人になりたい、日本のプレゼンスを向上させたい。

日常に笑顔を増やす仕事ができる人になりたい。

お金持ちになりたい。せめて、安定した生活を送りたい。

ワークライフバランスを大切にしたい。家族との時間を確保したい。

好きなことをして生きていきたい……など。

僕は、きみの本音の思いを大切にしてほしい。

在学期間にコロナ禍で大きな影響を受け、やりたかったことの多くを諦めてしまったかもしれない。ただ、まだ時間はある。今まで我慢してきたことがあれば、インターンという機会を最大限活用して、取り戻しにいこう。

就職活動という未知のイベントを前に不安が大きいことはよくわかっている。
ただ、就職活動には正しい進め方がある。
そして、それは就職活動のみならず、きみがその後のキャリアを力強く歩んでいく中で必ず役に立つ。

就職活動において大事なインターン。
この本を読むことで全体像が理解でき、わからないことが解消できる。
自分の理想に向かって成長するためにぜひ活用してほしい。

では一緒に次に進もう。

2023年2月

我究館館長　藤本健司

第4章 インターンシップ参加業界・企業を選ぶための6ステップ

第5章 選考対策 インターンシップのエントリーシート(ES)対策

第6章 インターンシップのエントリーシート（ES）実例と添削

第7章 選考対策 インターンシップの面接対策

第8章

選考対策 グループディスカッション（GD）対策

第9章

インターンシップ中のグループワーク（GW）で意識するべきこと

第10章

ベンチャー企業のインターンシップ（長期インターン）

第11章 外資系コンサル・投資銀行のインターンシップ

第12章 海外インターンシップ

第13章 先輩のインターンシップ体験記

第1章

3分でわかるインターンシップの全体像

インターンシップとは何か。
どんな種類が存在し、それぞれどんな経験が得られるのか。
どんな選考が行われ、いつまでに、何をしなければならないのか。
細部について調べる前に、まずは3分でざっと全体像をつかんでみよう。

内定者の中に、自社インターンシップ参加者がいたと回答した企業は8割を超える

8割の企業において、内定者の中に自社インターンシップ参加者がいたというデータがある。また約5割の企業はインターンシップ参加者に優遇策を講じており、この流れはより進むであろう。これは当然のことだ。インターンに参加している学生は、さまざまな理由から、選考が有利に運ぶ。

例えば次のようなものだ。

・プログラムを通して仕事をより深く知ることができ、志望動機が明確になる
・人事との接点も多く、参加中の評価が高ければ、本選考で優遇されることもある
・「学歴」「実績」「英語力」などで不利な学生も、参加中に時間をかけて評価してもらえる
・参加中に成長できるため、人事から見て魅力的な人物になれる

これを読んでいるのがいつであっても、インターンに挑戦する機会は必ずある。本選考だけに気をとられることなく、インターンも視野に入れながら時間を過ごしてみよう。

内定者の
インターンシップ参加状況

（従業員規模501名以上）

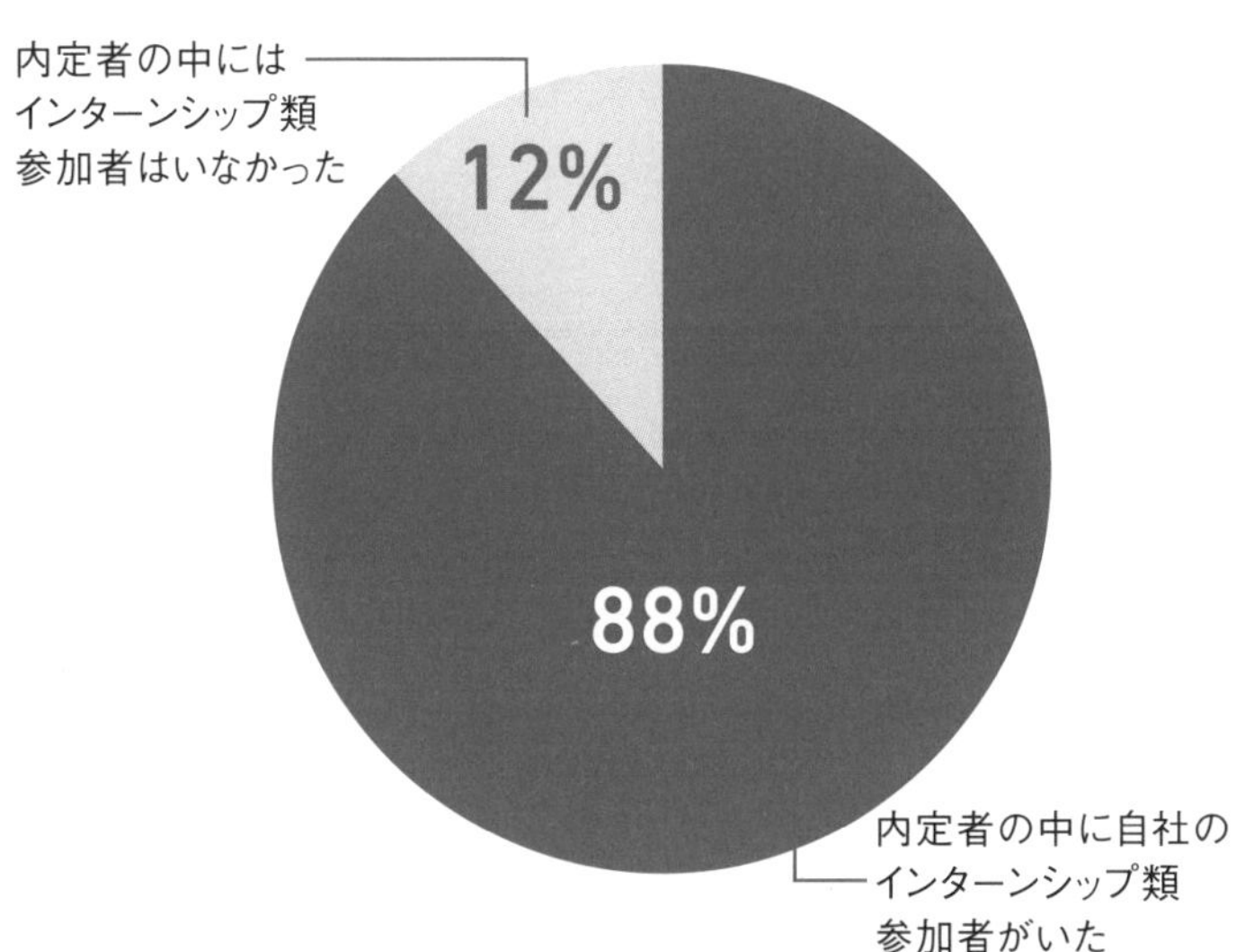

出所：ダイヤモンド・ヒューマンリソース
『2023卒採用・就職活動の総括』より加工

**結果的に内定者の中に
インターンシップ参加者がいたと回答した企業は８割を超える。**

就職活動・インターンシップの全体像（年間スケジュール）

就職活動は大きく**「インターンシップ」**と**「本選考」**の2つの時期に分けられる。本選考とは**「採用を目的とした選考」**のことだ。これを通過しなければ入社できない。企業によって実施時期が違う。まずは左の図を見て、全体像を把握しよう。

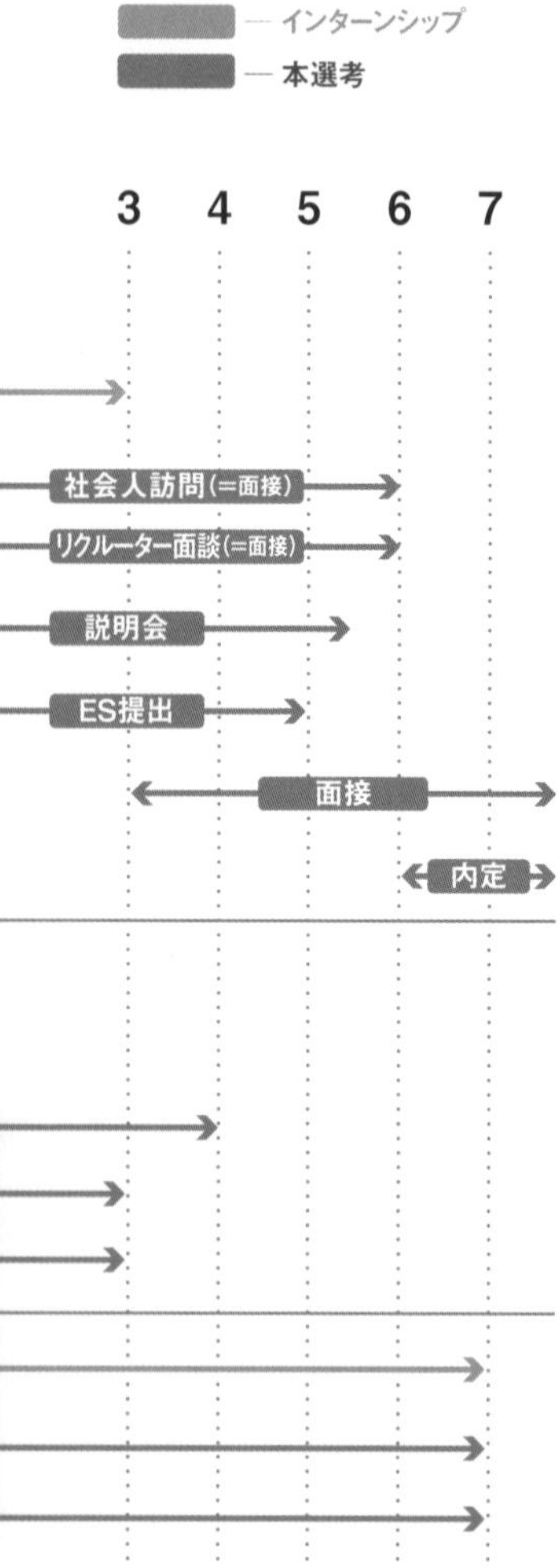

就職活動の全体像

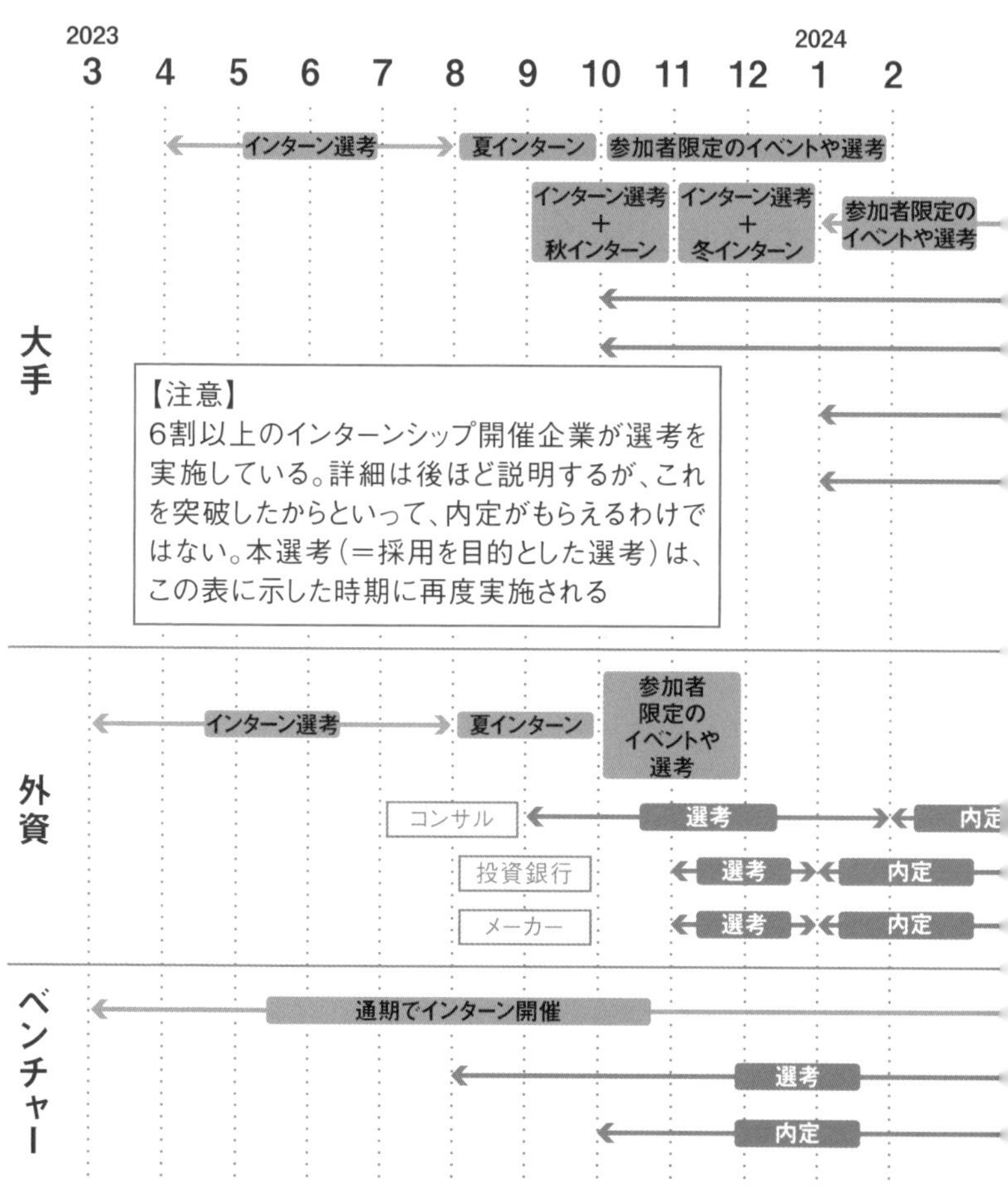

編集部注:2023年1月現在のモデルケースです。スケジュールについては随時変更する可能性があります

早期に納得のいく結果を出す人のインターンシップ活用術

納得のいく結果を出していた就活生は次のステップを踏んでいた。

STEP1 **自己分析にまず取り掛かる**
「志望業界選定」と「学生時代がんばったこと」「志望動機」の言語化をする。

STEP2 **インターン参加企業を戦略的に選ぶ**
時間は限られているので、5daysなどは夏も秋も数社しか参加できない。志望企業をリスト化し、優先順位を可視化する。

STEP3 **5daysインターン参加中は個人とチームの結果にこだわる**
採用担当者に評価されれば、プログラム終了後に優遇を受けることができる。

STEP4 **3月の情報解禁前に、志望度の高い企業から内定をもらっている**
エントリー社数をむやみに増やす必要がなく、時間に余裕を持って就活ができる。

まず、**今が何月だったとしても自己分析に取り組むことが大切**だ。インターンは年々、採用直結の意味合いを強めている（次のページを確認してほしい）。そのため、選考も難易度が上がっている。高倍率を突破するためには、「学生時代にがんばったこと」と「志望動機」を他の応募者よりもアピール度が高いものにすることが必要だ。そのためには自己分析が必須。一旦、完成度の高いものを作れた人は、他の会社でも同じものを書いたり語ったりするため、次々と通過していく。これを早期に完了している学生は先行逃げ切りで次々と結果を出していけるのだ。

また、時間の使い方も非常に重要だ。5daysに参加できる企業は時間の関係もあり、数社だろう。丁寧に選びたい。自己分析ができていれば迷わないはず。優先順位を決め、上位の企業から申し込んでいく。選考を突破し参加できることになったら、**プログラム中、本書でこれから解説していく内容を参考に全力でアピールをする**。就活中は、忙しいきみの時間を何に使うのかを丁寧に決めていくこと。時間を使うと決めたら、結果にこだわろう。時間投下に対しての成果にも意識を向けるのだ。

このステップを踏めば、**他の学生よりも早期に内定を手にできる**。志望度の高い企業に狙いを絞って動いているはずだから、そのまま就職活動を終える人もいる。継続する場合も、内定先企業よりも志望度が高い企業を数社エントリーするだけ。**時間的にも精神的にも余裕がある**のだ。

2025卒と2026卒の就職活動は激動期 変更点を理解しておこう

国公私立大学と経団連の代表者による「採用と大学教育の未来に関する産学協議会」が公表した報告書『産学協働による自律的なキャリア形成の推進』は、2025卒以降のインターンを次のように分類した。今までと大きく変わったのは、本選考につながる（学生の情報を採用活動に活用できる）インターンシップが明文化されたことだ。自分にとって最適な選択をするために参考にしてほしい。ルールを知らずに参加するのは非常に危険だ。今のうちに理解しておこう。

タイプ1：オープン・カンパニー

主に企業や大学キャリアセンターが主催するイベントで、単日かつ就業経験はないもの。取得した情報は採用活動へ活用できない。

タイプ２：**キャリア教育**

主に企業が実施するプログラムや大学による授業、産学協働のプログラムを指す。就業体験は任意。取得した情報は採用活動へ活用できない。

タイプ３：**汎用的能力・専門活用型インターンシップ**

企業が単独もしくは大学と連携して実施する能力ないし専門性を重視したプログラム。汎用的能力活用型は５日間以上、専門活用型は２週間以上の日程で、就業体験は必ず行われる。**取得した学生情報は採用活動開始以降（６月以降）に限り活用できる。**

タイプ４：**高度専門型インターンシップ**

主に高度な専門性を重視した修士課程学生向けインターン。実施時期やプログラムの内容は検討中。**取得した学生情報は採用活動開始以降（６月以降）に限り活用できる。**

さらに、２０２６卒からの専門性の高い人材については、採用の前倒しや通年採用を政府が検討している。これによって、自分のキャリアを主体的に考え、就職活動を進めようとしている人にとってはチャンスが広がるはずだ。

ぜひ、一歩踏み出して目の前にあるチャンスを活かし、納得のいく結果をつかみ取ってほしい。

インターンシップの種類を押さえておこう

インターンには、さまざまな種類がある。

大きくは「企業の種類」と「期間」によって、「得られる経験」が異なる。

得られる経験の傾向を◎〇△×で示した。参加する目的を決める際の参考にしてほしい。

就活でアピールできる経験	自分の課題が明確になる
×	△（選考があるものは〇）
△	〇
◎	◎
△	〇
◎	◎
×	△（選考があるものは〇）
△	〇
◎	◎
◎	◎

インターンシップの種類を押さえておこう

	期間	得られる経験			
		会社説明	社員交流	企業・仕事理解 グループワーク型	企業・仕事理解 業務体験型
大手	1day	○	△	△	△
	5days〜	○	○	△	△
	1ヶ月〜長期	○	◎	○	◎
外資	5days〜	○	○	△	△
	1ヶ月〜長期	○	◎	○	◎
ベンチャー	1day	○	○	△	△
	5days〜	○	○	△	△
	1ヶ月〜長期	○	◎	○	◎
海外	長期(1ヶ月〜)	△	◎	△	◎

※大手が開催する「業界研究セミナー」や「職場見学会」なども、本書では1dayと広義で捉えます。

インターンシップで「得られる経験」について

前ページの表にある「得られる経験」について補足をしておこう。

・**会社説明**

2時間程度、人事担当者が会社について説明してくれる。業界や企業理解の参考になる。

・**社員交流**

現場の社員と交流できるプログラムは有益だ。仕事の醍醐味やつらいところ、会社の雰囲気などを社員の人たちを通して知ることができる。質問をどんどんぶつけることが大切だ。あらかじめ10個程度は質問を必ず用意しておこう。

・**企業・仕事理解（グループワーク型）**

「A社の売り上げを5年で2倍にする戦略を考えよ」など、学生同士のグループで討議するもの。このワークを通して、実際の業務の疑似体験ができる。企業のビジネスモデルや事業ポートフォリオ、業界のニュースなどをチェックしてから参加すると、議論に貢献できる機会も増える。しっかり準備しておこう。

・企業・仕事理解（業務体験型）

社員と一緒に営業や企画会議、データ分析をするというものだ。働くことのイメージがわく。担当社員の方がマンツーマンでついてくれるケースも多く、かなりの量の質問ができる。また、自分のアウトプットや行動に対して細かくフィードバックしてもらえるのも特徴だ。参加できるようであればぜひ挑戦してみてほしい。

・就活でアピールできる経験

インターンの経験は、本選考などで、**「学生時代にがんばったこと」として語れる**ものもある。5days以上の期間のプログラムがそれに該当する。期間が長いと、インターン生に期待されることも大きくなるし、難易度も上がる。

インターンを通して自分を成長させたいと強く思っている人は、最低でも5days以上のプログラムに参加することをおすすめする。

・自分の課題が明確になる

就職活動の難しいところは自分の成長幅を明確に可視化できないことだ。「自分の努力は適切なのか」「今行っていることが内定（結果）につながるのか」といった不安を抱えながら活動し続けなければならない。

1dayインターンでは、ワークショップ形式で仕事の擬似体験ができることがある。それだけでも、自分の課題が見えてくることがある。5daysでは、より実務に近い体験をすることで、その会社で求められるパフォーマンスレベルを体感できる。また、同じプログラムに参加している学生との交流で自分のレベルがわかるのも大きな学びだ。1カ月以上の場合は、さらに実務に近い内容になるだけでなく、仕事をする日常まで体験できる。そのため、課題を認識するとともに、それに対する改善策を実行に移せる。

インターンに参加する時間が長いほど自分にとっての課題がよりはっきりし、成長のために必要なことや、そのプロセスも明確になる。

第2章

インターンシップに参加する4つのメリット

インターンシップに参加すると何が良いのか？
得られるメリットは当然ある。
ゆえに、インターンシップはますます盛り上がりを見せている。
「友達が参加するから何となく」ではなく
「自分にとってどんな意味があるか」を理解した上で参加しよう。
本章では、代表的な4つのメリットを紹介する。

インターンシップは成長の場である

就職活動はコロナ禍によって大きく変化した。

オンラインでのインターン実施や選考が圧倒的に増えたこと。

そもそも大学に通えなかったり、サークルや部活の活動に制限があったりしたこと。

これまでは当たり前だった旅行や飲み会にも制限がかかった。それによって、期待していた大学生活を送れない学生が増えたことも事実である。

大学生活を満喫したり、充実させたりすることなく就職活動を迎える人もいるかもしれない。

そんな中で、僕はきみに伝えたい。

「夢や理想を諦めないでほしい」ということを。


最近の就職活動には通年化、長期化、早期化という3つの流れがある。インターンに参加することを考えると、大学1年生から就職活動をスタートするのも決して珍しい状況ではない。だからこそ、この変化を味方にして、自分の理想に確実に近づいていこう。

「インターンで成長する」とは、具体的にはどういうことか。次の4つのタイプを見ていこう。

1 志望業界や企業、職種がわからないきみは……

実際に仕事をした経験がなければ、仕事についてリアルに理解するのは難しい。

1dayインターンなら企業やその仕事を詳しく知ることができる。さらに、1カ月以上のインターンなら、実際の職場で仕事を体験できる。そして、これらはきみがきみの理想に近づくための大事な一歩になる。詳しくは、32ページで解説している。

2 インターンで周りよりも早く結果を出したいきみは……

この本を手に取ってくれている時点で、周囲よりも一歩進んでいると思ってほしい。

ただ、ここで安心せず、さらに前に進もう。5days以上のインターンに参加し、そこで高い評価を得れば、きみの理想への道はより明確になるし、チャンスも広がる。

もちろん、選考があったり、周りの参加者に引け目を感じたりと難しさにぶつかることもある。ただ、そのとき直面した課題を克服していくことが、これからきみが真に成長するためのプロセスに必要だ。

「早く結果を出す」という意味では、本選考での優遇も大きなメリットである。具体的にどのように選考が進んでいくのかは、38ページを参考にしてほしい。

3 学歴や大学生活が、理想とかけ離れていると感じているきみは……

多くの学生と接してきて、理想と現実にギャップがない学生はいなかった。安心してほしい。これからインターンの選考を通して、また実際に参加することでいくらでも成長できる。語学力やリーダーシップなど、理想の実現に向けて自分に足りないものを養うために挑戦してみよう。長期インターンや海外インターンといった選択肢もある。自分に残されている時間や使えるお金などを考慮して決断しよう。

また、インターンなら、学歴や語学のスペックといった履歴書に書ける能力以外も、採用担当者がしっかりと見てくれる。「実績がない」と感じているなら、インターンでアピールするチャンスをつかみ取ろう。詳しくは42ページからを読んでほしい。

4 学生時代にがんばったことがないと嘆いているきみは……

コロナ禍において、「ガクチカがない」と困っている学生は多い。もしかしたら、きみもその一人かもしれない。嘆いていても状況は変わらないので、改善するためのアクションをとろう。まずは1dayインターンに参加することから始めてはどうか。

インターン自体を「学生時代にがんばったこと」としてアピールできる場合ももちろんある。どんなインターンがアピールできるのかは、46ページを読んでほしい。

ただ、今まで経験したことのない困難を乗り越えてこそ、ESや面接で自信をもって「がんばったこと」として語れるようになるもの。期間と内容によって難易度は変わるし、選択肢が多いのであいまいなままでは絞り切れない。まずは、将来どうなっていたいのかを我究（自己分析）しながら明確にしよう。そして、理想と現実のギャップを埋めるためにインターンを活用しよう。

いずれにせよ、どのインターンに参加したとしても大きく成長することができるようになっている。よほど気合いを入れた学生生活を送っている人でなければ、これらの成長は難しいものだとも思っている。

次のページから詳しく説明していこう。

インターンシップに参加するメリット1

より具体的な企業研究ができる

インターンに参加すると、ネットを使って企業研究をするよりも、はるかに会社や仕事のことがわかるようになる。

1 会社の中にいる「人」を一次情報（自分の目で直接見た）で知ることができる

人事や社員に直接質問できる。企業にとって良い話だけでなく、課題や抱えている問題なども率直に質問できる。

多くの就活生が「採用ページを見ていても、会社のいい話しか書いていないので、実際のところがわからない」と言う。実際、限られたページで採用担当者が企業を紹介する採用ページでは、課題や問題点まで言及しきれないのが現実だ。一方で、ネット上の口コミサイトなどはネガティブな情報が偏って集まっている傾向にあり、過度に不安になってしまう人も見かける。ネット上にある二次情報（誰かが編集加工した情報）から得られるものの限界がここにある。真実を捉えようとするのならば、**一次情報を取りにいく習慣をつけたい**。

また、そこで働く人の雰囲気（価値観、性格、表情、服装、語る夢など）も会わなければわからない。大学でも早稲田と慶應で校風が違うように、同じ業界でも会社によってまったく雰囲気が異なる。一人でも多くの社員の方に話しかけてみよう。「上下関係が厳しいな」「野心的な人が多いな」「若手の意見を聞いてくれそうだな」「几帳面な人が多そうだな」など、その企業で働く人の特徴が見えてくるはずだ。

どこが一番自分に合うか。感じることが大切だ。雰囲気が合わない場所にいると当然居心地が悪いし、パフォーマンスが発揮されない。直接会って、見ることで、その雰囲気を感じにいこう。

加えてもう1点。その企業に、なりたい姿の社員はいるかを確認しよう。

参加企業で登場する社員の方たちは、5年後、10年後のきみの目指す姿だろうか。

入社後に、自分の手本（ロールモデル）となる人が多数いる会社に入ると、成長は加速する。尊敬できる先輩や上司から日々アドバイスや指示をもらうと、当然ながらワクワクするし、毎日に張りが出る。彼らと時間を過ごすことで、考え方や仕事の進め方、プライベートのライフスタイルまで徐々に似てくる。つまり、**インターン先で出会う方たちは未来のきみたちの姿**とも言えるだろう。出会った方たちを見て、自分もそうなりたいと思えるだろうか。

残念なことに、志望度の高い企業に入った人ですら「業務内容は好きだが、尊敬できる人がいない」と、僕に相談に来る社会人があとを絶たない。

就職活動中は、企業のいい部分の情報量が圧倒的に多い状態で判断をする。採用ページはもちろん、採用イベントに来る社員も当然活躍中の人が呼ばれる。そこに出てくるキラキラした社員だけを見て「めちゃくちゃ登壇者がかっこよかった」と企業の志望度を高める学生がいるが、少し慎重になろう。**その人は、その会社を構成するうちのごく一部の人だ。**

「こんなはずじゃなかった」とならないためにも、「人」を見ることは、本当に大切だ。

2 業務を詳しく知ることができる

特に複数日程のプログラムは、業務理解が進む。5daysであればグループワークを5日間、夜通しで（実際には夕方頃に解散するが、ほとんどの参加者が作業を持ち帰る）取り組むことが多い。参加企業が抱える課題解決を考えたり、新規事業を提案したりすることを通じて業務の擬似体験ができる。必然的に「本当にその仕事を将来したいか」「向いているのか」が見えてくるだろう。

また、近年では営業同行や会議への参加をすることで、実際に働く「現場」を見せてくれるケースも増えている。営業同行であれば「なぜあの質問をしたのか」「話す上で大切にしていることは何か」など同行中の移動時間にも質問ができる。現場の空気を感じるだけでなく、社員の方が話す言葉の背景や信念にも触れていきたい。**きみの中で心が震えるものがあるかどうか。それが何よりも大切だ。**

これらの情報を得た上で、きみがその企業で実際に業務に取り組む姿を想像してほしい。そこに納得感と「やってみたい」という強い思いがあれば、本選考で語る志望動機は、当然力強いものになる。本選考でも、インターンの体験がきみの背中を押してくれるのだ。

ここで、インターン参加中にチェックしておきたい2つのポイントをまとめておこう。インターン参加前に読み返しておくと、より成長につながる時間を過ごせるだろう。

・本当にきみはその仕事を続けてみたいか

「三菱」などの財閥名や、外資系、コンサル・投資銀行など、響きで仕事を選んでいないか。仕事内容に心から興味を持てるか。何度も挫折や失敗を繰り返すことになったとしても、それでも意地でも手放さずにやりきりたいか。それだけ、その仕事に価値を感じるか。業界によっては、変化が激しく、精神的にも体力的にも強い負荷がかかるところもある。5daysではなく、きみは10年単位でそこに挑戦したいだろうか。

一方で、変化が少なく、穏やかだが、成長機会が少なく感じる業界もあるだろう。「ブラック、ホワイト」という言葉を耳にしすぎるあまり、成長機会が少ない場所で社会人生活をスタートしようとしていないか。その場合、**もし「転職したい」と思ったときに市場価値が低い人材になってしまう**だろう。

ハードワークをすることがいいと言っているわけではない。ただ、きみにとって少しチャレンジングな仕事を選ぶことは大切かもしれない。

その会社で働き続けたときに、どんな能力や専門性が身につくのかを想像してみよう。イメージしやすい未来だと30歳あたりだろうか。納得できる自分になっているだろうか。飽きがきて、ネガティブな転職をすることにならないだろうか。インターンを通して、その年齢の人たちの話をじっくり聞くこともおすすめだ。インターンにはエース社員が来ていることも多いので、その場合は「同期」の人たちの仕事ぶりや、どんなことに充実を感じているか（聞けるようであれば不満があるか）を聞いてみよう。その会社で働くリアルが見えるはずだ。

実際に僕のところに相談に来る30代から、よく次のような相談を受ける。

「自分の会社では仕事ができるようになったが、逆に自分の会社でしか通用しない人材になってしまった。業界や会社を変えたら通用しないだろう」

「会社はまったりとしていて穏やかだけど、その分、競争力がなく、会社が今後も存続できるか心配だ」

これから始まる40年以上の仕事人生で、きみがいきいきとし続けるためにも、あえて厳しい環境を選ぶことも検討してみてほしい。

・本当にきみはその仕事で活躍できるか

インターンを通して「活躍できる」感覚を持てるかどうかも大切だ。どんなに希望する会社に入ろうとも、活躍できなければ楽しくない。もっと言えば、その場にいることすら許されない場合もある。

業務を体験しながら、自分の能力に合っている感覚があるか、扱う商材（モノ、サービスなど）に詳しいか（少なくとも興味を持って商材の知識を極められるイメージはあるか）、その仕事に似た体験を（学生レベルでもよいので）したことがあるか。**「内定がほしい」という気持ちが先行してしまい、自分の適性を見過ごしたままで志望度を上げてしまっていないか。**

インターンシップに参加するメリット2

本選考で優遇されることがある

すでに説明したとおり、インターンに参加することで、その企業の本選考に有利に働く可能性がある。具体的には次の2つの「優遇」がある。

1 インターン生専用の「本選考」がある

インターン生への内定を、一般募集の時期よりも前に出す企業が年々増えている。**ダイヤモンド・ヒューマンリソース社の2023卒の学生を対象にした調査では、インターン生に本選考での優遇策を講じた企業は55・8%という結果が出ている。ここからもわかる通り、インターンに参加することが本選考の優遇につながる可能性が高い。**

早期に自社に興味を持っているということは、志望度が高く、自分がやりたいことが明確な学生だと思われている。さらには、インターン中に数日間かけてしっかり学生を見ることができているし、学生も企業をしっかりと見ることができている。内定を出してもミスマッチが少ないと考えているからだ。

特に、成果を出した学生は早期選考に招待されることが多い。例えば5daysのインターンであれば、グループワークで求められる最終プレゼンの評価で参加チーム中1位を得ると、次のステップにつながる。実際に、今年の我究館生たちも、グループワークで1位になった企業からは、インターン終了後に、特別セミナーに呼ばれるなど様々な優遇を受けていた。**最終的に特別選考ルートで本選考を受け、一般応募の学生よりも数カ月早く内定を手にして就活を終えることができた者もいる**。

外資やベンチャー企業のインターンであれば、与えられた業務に期待以上のアウトプットをすることだ。例えば、営業のインターンであれば目標を120%で達成したり、アプリの利用者を増やすことがミッションのインターンなら目標の2倍にしたり、外資のインターンでエクセルを使ったデータ集計や分析を課せられたなら、他のインターン生よりも短期間で高いクオリティで達成したりするなどだ。

外資もベンチャーもプロ意識を持つ学生を好む傾向にあるので、学生の気分で（ある種のお客様気分で）取り組むのではなく、社員と同じ目線で成果に対する執着心を持って取り組んでみよう。うまくいかないことも多々あるだろう。社会人経験もないので、失敗をしてしまうこともあるだろう。それでも、少なくとも、そういう姿勢で仕事に取り組む学生を企業は探している。

メガベンチャーの中には内定者の90%をインターンから採用する企業もあるし、三井物産やコンサルティングファームの数社のように、インターンに参加していないと本選考に進めない企業もある。少しでも興味があれば、応募してみることをおすすめする。

2 インターン生は選考が短縮される

一般の募集者と選考の「開始」が一緒でも「プロセス」が短縮されるケースがある。インターン選考で「書類」「筆記・適性試験」「面接」を通過しているため、その分だけ省略される。また、インターン参加中の活躍によっては、すでに内定が決定している学生も少なくない。実際に「きみとは一緒に働きたいと思っている（事実上の内定通知）」と採用担当者からインターン参加後に言われて、各企業の面接開始日の初日に内定を手にする学生は毎年多くいる。

インターンシップに参加するメリット2

本選考で2つの「優遇」がある

優遇1 インターン生専用の「本選考」が一般選考の前にある

優遇2 インターン生は選考が短縮される

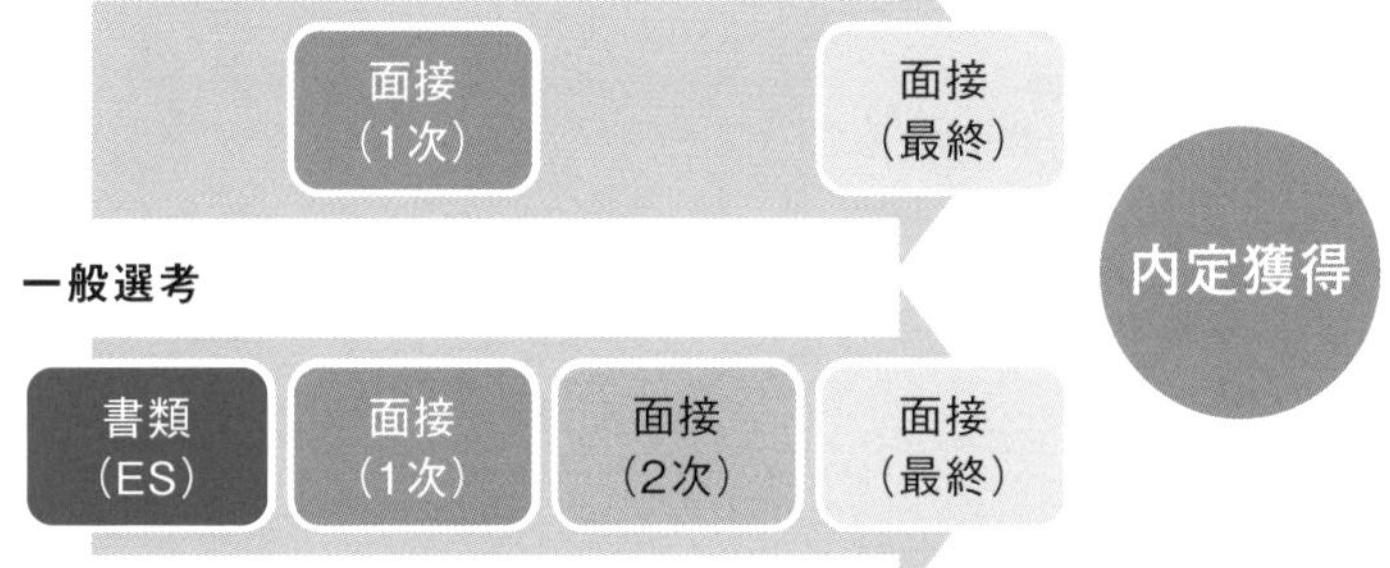

優秀なインターン参加者には、
一般選考よりも前に内定が出たり、
ESや面接が省略されたり、などの「優遇」がある

インターンシップに参加するメリット3

学歴・英語力などで不利な学生にもチャンスがある

インターンに参加することによって、今まで落とされてきたタイプの学生に内定が出るようになった。具体的には「学歴や語学などのスペックが弱い」「実績がない」「リーダータイプではない」が、時間をかければ優秀さが見えてくるタイプの学生だ。これらの学生は、30分などの限られた時間で判断される面接では、残念ながらことごとく落とされてきた。

しかし、インターンだと1日~数週間かけ、人事はじっくり学生を見ることができる。例えばグループワーク（GW）で**派手にみんなを引っ張っていなくても、データ収集や資料作成、独自のアイデアを出すなど「確実に貢献している人」はしっかりと評価される。**

実際に採用担当者から次のような声を聞いた。

「インターン参加中に成長するタイプがいる。最初は『この子、存在感ないな』と心配しているのだけど、数日間見ていると堅実に努力するので確実にみんなから尊敬を集めるし、成果も出すタイプの学生。すでに成熟している学生ではなく、成長確度が高い学生と一緒に働きたいので、とても好感を持てる」（大手広告・採用責任者）

「本選考だと地頭のよさをチェックするために、書類上のスペックや、面接中に様々な質問を短時間でぶつけていき、レスポンスの速さと内容で能力を測る。一方で、インターンは地頭よりも『チームを繋げる力』などバランサー的な存在を見つける時間がある。必ずしも頭の回転の速さや知識量のある学生だけを評価しない。むしろ、インターン中は、通常の選考で取りこぼすバランサータイプの学生も採用したいと思う」（メガITベンチャー・人事）

「求めているのは『一緒に働きたい』と感じさせてくれる人物。そのため、インターン中は『仲間から人望を集めている学生は誰か』を見ています。寡黙で静かなタイプは一見目立たないため、優秀さが伝わりづらいです。しかし、陰で仲間を支え、数少ない発言で効果的にチームに貢献し、最終日には尊敬されている人もいます。こういうタイプを見つけられるのはインターンならではの良さですね」（大手ネット企業・人事）

今まで、多くの就活生の相談に乗ってきた中で、じっくり話すと素晴らしい人柄や能力なのに

「面接でしゃべるのが苦手なだけ」で落とされてしまう学生をたくさん見てきた。そのたびに「もったいない」と僕は感じていた。

学歴についても同様のことを思う。人気企業はどうしても高学歴の学生が集中して応募する傾向にある。書類だけだと、相対的に学歴が高い学生の方が通過しやすい傾向にある。もし、志望する企業の内定者と比べて自分の学歴が見劣ると感じているのであれば、横並びの選考に応募していては埋もれてしまう。インターンに参加し、熱意を伝え、グループワークで能力も人柄も遜色ないことを見てもらおう。

今まで、インターンの評価によって、通常では難しいと言われるスペックの学生が第一志望に内定していく姿を多く見てきた。

インターンこそチャンスだ。きみが志望している企業には、必ず挑戦してほしい。

インターンシップに参加するメリット3

学歴・英語力などで不利な学生にもチャンスがある

通常の選考

インターン生の選考

インターン中の勤務態度や人柄などを
じっくり見てもらえるので、
短時間の選考では不利な学生にもチャンスがある

インターンシップに参加するメリット 4

「学生時代にがんばったこと」としてアピールできる

5days~長期のインターンの場合、得た経験や実績を、他社の面接でも語ることができる。

特に志望業界・企業の仕事内容に近い経験をした人は、面接などでアピールすると評価される。採用担当者も、自社で活躍するイメージが持ちやすいからだ。

例えば、総合広告代理店志望の学生が、ネット広告のベンチャー企業の営業職として活躍していれば、業務が近いこともあり活躍のイメージも持ちやすい。商社志望の学生が海外インターンで多国籍の学生と協業しビジネスに挑戦したのであれば、その実行力から入社後の動きも想像できる。

それ以外に、複数日程の大手企業のインターンプログラムに参加することでも、「グループワーク」「ビジネスコンテスト」の内容をがんばったこととして語ることもできる。チームの中で自分がどのようなパフォーマンスを発揮できる人なのかを、面接官にイメージしてもらいやすい。

就職活動を始めて志望業界が見えてくると、今の自分に足りないものが見えてくる。「チームでがんばったことがない」「納得いくまで努力した経験がない」「海外で何かを成し遂げたことがない」「多国籍の人の中でリーダーシップをとったことがない」などだ。それを補うために、**インターンを利用して、将来挑戦したいことのミニチュア体験をするといい**。

本書では、これから各インターンから得られるものや注意点を詳細に書いていく。それを参考に、自分がどの種類のインターンに参加して、どのように成長したいのかを明確にしていこう。

長期インターンで成長しようとする学生は多い。しかし、実際の業務内容を吟味してから取り組まなければ、雑用のような仕事を繰り返すことになり、時間だけを使ってしまうことも多い。

選択を間違えなければ絶対に望む成長を手に入れられる。そして、**内定はもちろん、自分を信じる力も手に入れられる**のだ。まずは、インターンを通して「どう成長したいか」を考えてから参加しよう。

COLUMN

インターンシップ参加後に得られる意外な「特典」

メリット2で触れた「本選考で優遇されることがある」以外にも、インターンにはさまざまな「特典」がある。

実際にあったのは、次のようなものだ。

・定期的に「インターン参加者限定」のセミナーやイベントに呼んでもらえた

インターン参加後に、定期的にイベントの案内が来る。採用担当者にとって、インターン参加者は入社する可能性が高く、当然優先順位も高くなる。そのため、人事が企業研究を手伝ってくれる勉強会や、様々な部署の社員と交流できるイベントなどに呼んでもらえる。ただし、こういった場も近年は選考の場になっている。イベント後に「次」のイベントに呼ばれる学生とそうでない学生がいるのも事実。受け身にならずに、参加中に積極的に質問をするなど、しっかりとアピールしたい。

・インターン参加者限定の次のステップのインターンに呼ばれた

最近では、第2弾のインターンシップを企画し、そこへの参加の有無で志望度を見てくる企業も出てきた。拘束日数も複数日程の場合が多く、企業側も参加してくる学生を積極的に採用する傾向にある。

・人事担当者にエントリーシート（ES）の添削をしてもらえた

インターン中に人事担当者と仲良くなると、その後も対面、メール、Facebook、LINEなどでやりとりを継続させてもらえることがある。的確なアドバイスをもらえるので、活用しない手はない。ただし、アドバイスをもらうのであれば本気で準備していこう。就職活動の初期はESを書いても完成度は低いもの。複数回見てもらえる機会があるのであれば、毎回成長している姿を見せていきたい。実際に自社を志望する学生と定期的に会うようにしている人事に聞いても「学生に期待するのは『伸びしろ』です。毎回会うたびに考えが深まっていたり、作成する書類のレベルが上がっていると、今後の成長が楽しみになり、採用意欲が格段に上がります」（大手マスコミ・採用責任者）と言っていた。

・リクルーターがついて、選考に対するアドバイスをもらえた

人事から同じ大学の先輩（リクルーター）を紹介されて、その後もその方にフォローしてもら

COLUMN

えるというケース。書類の添削から面接の練習まで手取り足取りアドバイスをしてもらえる。例えば金融業界の中では、大学ごとに何人内定者が出るかをリクルーターチームに競わせている企業もある。リクルーターは少しでも、担当した学生を成長させて内定を獲得してもらうために必死になる。

インターンで高い評価を得れば、その後の選考対策をマンツーマン（ときには5人などのチーム）でバックアップしてくれる貴重な存在を手にすることができるのだ。

・面接のたびに人事から連絡がきて、フィードバックがあった

インターンで高評価を得た学生の中には、人事から「ぜひ採用したい」と思い入れを持ってもらえる人がいる。そういう場合は、人事がかなり手厚く選考をサポートしてくれる。例えば、面接のたびに「評価ポイント」と「懸念ポイント」を教えてもらえる。人事部長や事業部長クラスなど、現場の人事では合否に影響を及ぼし切れない役職者との面接に向けて、サポートしてくれるのだ。

第3章

インターンシップの判断基準

——選ぶならどっち？

インターンシップ参加に至るまでには、さまざまな分岐点がある。
多くの学生が迷う8つの分岐点を挙げ、
どのような基準で選べばいいかを説明する。
きみの気づいていない重要な分岐点もあるかもしれない。
知らず知らずのうちにチャンスを逃していた……
なんてことのないよう、すべてに目を通して、
自分はどちらに進みたいのかを考えてみよう。

インターンシップの判断基準1

「第一志望」か「それ以外」か

「まだ自信がないので、第一志望のインターンに参加しないほうがいいでしょうか」

毎年、このような質問を受ける。結論から言うと、第一志望のインターンには参加したほうがいい。ただし、時期によって状況が異なるのでポイントを解説しよう。

日系大手のインターンは大きく2つの期間（ターム）に分かれる。第1タームは「夏」「秋」、第2タームは本選考の直前に行われる「冬」「春」だ。

結論から言うと、第1タームのインターンに落ちても本選考の結果に多くの場合は影響ない。実際にインターンに落ちたけれども、本選考で内定をもらった学生を多く見てきた。

就活生は、夏や秋から本選考までの数カ月間で大きく成長する。

他社のインターンに参加して新たな社会の知識を身につけたり、ほかの優秀な学生にグループワークで揉まれたりする。社会人訪問や外資系の本選考を通して、自分の至らなさを指摘されることもたくさんある。さらには、自分の至らない点が明確になったことにより、インターン以外の課外活動、留学などに挑戦して、リーダーシップや語学力などの力を身につける学生も多い。

失敗を成長につなげるには、その理由を分析する必要がある。失敗と挫折を繰り返しながら自分と向き合い続けることで、夏とは別人のように成長する学生が多くいる。

当然、採用担当者もそのことを知っている。そのため、夏の時点は選考で落とした学生も、翌年の本選考では当然フィルターをかけることなく向き合う。夏とまったく違う姿で登場したら、当然通過させてくれる。だからこそ、夏のインターンでは「厳しい選考」を受けてほしい。なるべくきみの今の「等身大の実力」と向き合う機会を得てほしい。

一方で、夏のインターンに通過し、参加中も評価の高かった学生は優遇される。グループワークで優勝したチームのメンバーや、チームへの貢献度が高いと評価された人、インターン中に接した社員からの評価が高かった学生は、すでに説明しているように、特別ルートでの選考や社員交流会への参加案内・フォローを受けることができる。**評価されれば優遇され、評価されなくても再度チャンスがある。ノーリスク、ハイリターンな戦いだ。**

一方で、第2タームの冬や春は、本選考に影響がある。**本選考の直前である1月や2月に開催されるものは、名前こそインターンだが、実際には早期選考の役割をはたしていると考えていいだろう。**この参加者から内定を出す企業が多い。商社の中には100倍の倍率になった企業もあると聞く。これだけの倍率を突破して参加した学生を企業が無視するはずがない。参加できた時点で「それなりの権利を手にした」と思ってもいいだろう。僕から見たら、本選考を前にした大きなアドバンテージである。

冬と春のインターンは、落とされたら本選考の合否に影響が出る企業もある。そう言うと、参加を見送りたくなる人もいるだろう。ただし、この直前期にインターンに参加していないのに、本選考で「御社が第一志望です」と語るのもまた、無理がないだろうか。ではなぜ、直近のインターンにエントリーをしていないのか、と採用担当者は当然思う。「準備不足」か「志望度が低い」のどちらかと判断されてしまうかもしれない。

じっくり時間をかけて対策をしたい気持ちはわかる。本選考まで先延ばししたい気持ちもあるかもしれない。それでも、ここまで説明したように、参加するメリットの方が大きい。**第一志望のインターンには挑戦することをおすすめする。**

いずれにせよどんな状況からでも挽回することはできる。

絶対にできると信じてがんばろう。やり抜く人に必ずチャンスは訪れるのだから。

インターンシップの判断基準 1
第一志望のインターンは、「夏」「秋」から積極的に参加を!

インターンシップの判断基準 2

「絞って参加」か「とにかく多く参加」か

ただ単に、多く参加すればいいというわけではない。学生によって異なる。

たくさん参加するべき人は、「やりたいこと」が明確な人だ。

そういう人は、志望業界の5daysのインターンに参加することをおすすめする。

理由は3つある。

1 プログラムへの参加を通して、業界研究と業務理解が進む

2 自分の能力が活かされるか、社風とのマッチングがあるかが確かめられる

3 参加者「特典」を受けられる。就職活動をスムーズに進めることができる

ただし、やりたいことが不明確な人は要注意だ。

周囲がインターンにエントリーをしていると、気持ちばかりが焦って、「とりあえず」手当たり

次第に動き出してしまう。残念ながら、これは失敗する。

比較的、参加の選考基準が低い（もしくは条件などなく、誰でも参加できる）1dayに参加することや、自分が強く志望しているわけではない「とりあえず」受かった5daysのインターンに参加して、「安心」してしまうケースだ。

やりたいことが明確になっている学生と比べて、参加姿勢はどこか受け身。「就職活動をしている気分だけ」味わうことで時間を浪費してしまう。これでは、得るものも少なく、将来のやりたいことも明確にならない。企業に評価される可能性もかなり低い。さらに「私は結構進んでいるのではないか」と油断する学生もいる。こういう人は厳しい本選考で落とされ続ける。就活に失敗する人の典型的な例だ。

また、5daysに参加すると1週間近くほとんどほかの予定を入れることができない。例えば夏のインターンで4社5daysに参加したら、夏休みはほぼ終わってしまう。

次のようなコメントを秋から冬にかけてとてもよく聞くようになる。

「とりあえず夏のインターンにはいくつか参加したが、結局何をしたいのかがわからない」

「夏になんとなく参加したインターン先の企業から、フォローセミナーの案内が来る。囲い込みなので評価されているのは嬉しいのですが、志望度が低いので時間のムダのようにも感じています」

まずは、志望業界を明確にしよう。その上で、志望業界でインターンを開催している企業をリストアップする。そして、**志望順位が高い企業を優先的に5daysにエントリーし、志望順位が相対的に低い企業は1dayを中心に入れていく**のがいいだろう。志望業界の複数社がインターンの募集をしていたら「選考プロセスの多いもの」を選ぶように意識しよう。仮に通過しなかったとしても、今のきみに足りないものを気づかせてくれるはずだ。本選考までに何をするべきかが見えてくる。

やりたいことが定まっていない人のために、第4章でそれを明確にする方法を解説する。すぐにできるワークシートも掲載しているので、まずはこれだけでも完成させてからインターンに挑もう。

インターンシップの判断基準 2

やりたいことが明確な人は、志望業界の5daysにどんどん参加しよう

インターンシップの判断基準 3

「1day」か「5days」か

どちらに参加しても得られるものはある。ただし、目的をはっきりさせる必要がある。ここで両者の違い（特徴）を説明しておこう。

1dayインターン

・会社説明会に近い。2時間～半日ほど企業の説明を聞くため、早期の企業研究には役立つ

・1時間程度の短い時間でグループワーク（GW）を行うこともある。中身は当然、薄くなる

・選考がないものも多く、時間をかけすぎることなく参加することができる

・早い段階で、その企業に「興味がある」旨を伝えられる。参加後に1day参加者限定のセミナーや社員交流会への案内などの「特典」を受けられることもある

5daysインターン

・会社説明だけでなく、職場見学やグループワーク、業務体験など、さまざまな体験を通して企業を知ることができるので、企業理解が深まる
・参加中の評価が高ければ、1dayよりも、多くの「特典」を受けることができる
・1dayよりも参加のための選考が厳しいことが多く、通過すれば本選考の優遇を受けられる
・参加中の活躍によっては、特別選考ルートへの案内を受けたり、早期内定の対象者に選ばれる

ざっくりまとめると、**1dayは「企業研究」、5daysは「企業研究」+「早期選考」と考えられる**。志望度が高い企業であれば、当然5daysに挑戦することをおすすめする。

ここで、僕から強くお願いしたいことがある。それは、**「目的意識」を持って参加する**こと。

例えば次のようなもの。

「自分が社会に出てからやりたいことが実現できるかを社員に直接聞きたい」
「1dayを複数社行って、業界内の社員の雰囲気を比較したい」
「同じ志望業界を目指す学生と会って自分に足りないものを明確にしたい」
「自分なりに活躍して、早い段階で採用担当者にアピールしたい」

目的意識を持ってインターンに挑む学生は、参加中も意識が違うため、得られるものも成長度合いも大きい。我究館生の中には、1dayに参加した際、事前に準備をしていた質問を時間内で精一杯していたら人事に熱意を評価され、特別選考ルートに呼ばれ大手IT企業から内定を得た者もいる。1dayで特別選考につながるケースは少ないが、これこそ、目的意識を持って参加することの力だと言えるだろう。

1dayは選考のない企業も多く、気軽に参加できる。しかし、これに何社参加したところで、目的意識がなければ志望していない企業の説明を「ただ聞く」だけだ。

目的意識の重要性は5daysも同じだ。「インターンに参加しても意味がないように感じた」「5daysに参加したけれど、ますますやりたいことがわからなくなった」と、後悔している先輩のほとんどが、目的意識が曖昧なまま参加している。気をつけよう。

本書の第4章に掲載したワークシートNo.4に、インターン参加の「目的」を自分なりに書き出し、整理してから参加しよう。当日の朝や、行きの電車の中でもできる。これが整理されている学生と、そうでない学生では成長スピードがあまりに違う。

また、グループワーク形式の場合は最終日に与えられた課題に対してプレゼンをするケースが多い。

その時に**「勝ちにこだわる」姿勢**を、僕は大切にしてほしいと思っている。

つまり「優勝」など、その場で最も高い評価を取りにいくのだ。

今まで我究館生から聞いた話でも、**「優勝チーム」のみがその後の選考ルートで有利な扱いを受けているケースが圧倒的に多い**。

多くのインターン参加学生は、精一杯やるなど「姿勢」にフォーカスしがち。そのプロセスを人事や社員に見てもらおうと意識が向く。しかし、それではほかの学生と比べて突き抜けた評価を得ることは難しい。5daysに参加するのは、複数回の選考を突破してきた学生だ。みんなそれなりに精一杯がんばってくる。

結果を出すために、時間管理、情報収集、社員への質問、チームメンバーの役割分担、チームの雰囲気作り、最後の最後まで細部にこだわるなど、すべての要素を他のチームよりも圧倒的に真剣に取り組むのだ。

GWの基本戦略は第8章にまとめておいた。それを参考に、今のきみにできるベストの準備と、ベストの前のめりな姿勢で参加しよう。

インターンシップの判断基準3
目的意識を明確にし、とくに5daysは勝ちにこだわろう

インターンシップの判断基準4

「大手」か「ベンチャー」か

大手企業のインターンとベンチャーのインターンでは、得られるものがまったく違う（例外もあるが、あえて断言する）。インターンの内容が根本から異なるのだ。

大手に関しては、ここまで語ってきた1dayや5daysをイメージしてもらいたい。

一方**ベンチャーは、「実務」を経験させてくれる業務体験型インターンがほとんど**だ。

期間は3カ月以上の長期が多い。時給をもらいながら、週3〜5日勤務する。インターン生も戦力として扱われる分、結果を求められる。社員とデスクを並べ、時に叱られ、時にほめられる。予算を預かり、広告出稿などマーケティングの仕事をしたり、名刺を渡され営業に同行したりする。志望企業と同じ業界、業務内容であれば、インターンを通して自分が活躍できるかどうか、合うかどうか、何らかのイメージをつかめるはずだ。大手で実際に行われるビジネスと比べると、受注する額の大小や、提案の規模に違いはあるかもしれないが、かなり近い経験ができる。

学生であっても営業は営業だし、それはマーケティングも、商品企画も同じだ。実際に自分で体験をして「本当にその仕事がしたいのか」「自分にその仕事の適性はあるのか」を検討することができる。

ベンチャーのインターン経験を、就活の本選考で「学生時代にがんばったこと」や「自己PR」として語る学生も多い。成果や実績、学びを得られるケースが多いからだ。また、**採用担当者の立場から見ても、同業界や同職種での実績は評価しやすい**。

実際に我究館生でも、インターンを通して大量のデータを分析していたことが評価され大手広告代理店にトップ評価で内定した者や、成長中のネットベンチャーで社長の右腕として事業企画を推進した経験が評価され、大手ネット企業の幹部候補生採用で内定した者がいる。

ベンチャーで手に入るのは「やりたいことの本気度の確認」＋「適性の確認」＋「本選考の自己PR内容」である。大手よりも、より実践的な場で経験を積める点が特徴だ。

とはいえ、数カ月のコミットが求められる。中途半端にしか時間を割けない状況では先方に迷惑をかけるだけでなく、きみが得られるものも少なくなってしまう。**大学3年生で始めるなら、冬のインターン選考が盛り上がる前の11月頃までがよいだろう**。成果と成長を手に入れるためには一定以上の時間がかかることも理解しておこう。

ベンチャーで長期インターンをするなら、「何を得るために挑戦するのか」を明確にしてから参加することだ。例えば、

・マーケティングを学びたいので、そのポジションに挑戦させてくれるところを選ぶ
・ネット広告のビジネスを学びたいので、その業界内で選ぶ
・メガベンチャーの社風と自分の相性を肌で感じたいので、気になる数社から選ぶ

などである。

「成長」という言葉を大切にするあまり、とりあえずベンチャーの長期インターンに参加すれば「成長」できると考えてしまう学生がいる。その熱量はとても素晴らしいし、個人的にはその勢いも好きなのだが、少し冷静になってほしい。

そういう学生に「成長の定義は?」と聞くと具体的に答えられないことも多い。

何を求めているのかが自分でもわかっていないということだ。

どんなことをしていても人は何かしら成長するもの。ここでも目的意識が大切だ。「どの部分の

能力を鍛えるためにインターンに参加するのか」を明確にしてから参加しよう。

きみのその思いの強さと行動力を、なるべく効率的に将来につながる場所に投下してほしい。

インターンシップの判断基準 4

実践の場で経験を積みたい人、学生時代に全力で何かに挑戦したい人は、3年生の11月までであれば、ベンチャーに挑戦の価値あり

インターンシップの判断基準5

「日系企業」か「外資系企業」か

コンサルティングファーム、投資銀行志望者は、当然のことながら、外資系企業のインターンに絶対に参加しよう。

インターンに参加することにより、その後の本選考に進める機会が増える。そもそも、**外資は日系大手と異なりインターンを選考の入り口とするのが通常のフロー**になっている。コンサルティングファームの中でも戦略部門などの精鋭を集める部署では、インターン参加をエントリーの必須条件にしている企業もある。先輩に直接聞いたり「外資就活ドットコム」などの就活情報サイトに登録をしたりして、早い段階から情報収集をしたい。

ここで注意点がある。これを読んでいる時点で、**コンサルや投資銀行を志望していない人たちの中でも挑戦をおすすめしたい人たちがいる。商社、広告など無形商材（メーカーのように形のある**

商材を持たない）と呼ばれる領域で仕事をしていきたいと思っている人たちだ。

無形商材というだけあって、顧客への提案は多岐にわたる。新商品のマーケティング戦略の提案に関して仕事を取り合うなど、近年ではコンサルと広告業界が1つのクライアントに対する競合となるケースも増えてきたと聞く。どちらの業界も提案可能な領域だからだ。

ここ最近、業界間の境界線は非常に曖昧になってきている。つまり、一見関係ない業界に見えるコンサルや投資銀行の仕事も、実は調べてみるとやりたいことが実現できる場の可能性があるのだ。

入館当初に「商社志望です」「広告志望です」と最初に言っていた我究館生の多くが、自己分析をした後、コンサルや投資銀行に興味を持つ。ある観点から見ると、この2つの業界は商社や広告以上にソリューションの選択肢が豊富だ。例えば、広告は目の前の商品を売り伸ばすことが基本ミッションだが、コンサルや金融は事業撤退やM&Aなども視野に入れて総合的に提案ができる。

さて、外資系企業の魅力は、次のとおり。

・若くして大きな裁量を与えられる
・プロジェクトの規模が大きく、社会への影響力が大きい
・ファイナンスや事業企画などの専門的な能力が身につき、早くからプロフェッショナル人材として仕事ができる

さらに、インターン参加を通して得られるものは、次のとおりだ。

・面接やグループディスカッションの場で、優秀な学生と出会える。難関企業を志望する人の中での「自分の実力」がわかる。早い段階で、自分に足りないものに気づける

・インターンのプログラムで課されるグループワークの課題のレベルが高く、自分の思考力や情報収集力が磨かれる。外資インターンで通用するレベルまで高めることができれば、日系企業のグループディスカッション選考では落ちないだろう

・結果的に外資系を志望することになったときに、選考に有利に働く

また、外資系は日系企業と比べて上下関係のない自由闊達な雰囲気があり、実力主義ならではの緊張感もある。そういった環境を好む人は、自分の価値観や生き方に合うかを確認する意味でも、参加するべきだろう。これまで**多くの学生を見てきたが、選考を受けるだけでも大きな刺激と学びを得ている**。

早いところだと3年生の4月にはインターンの書類選考が開始される。

少しでも気になるようなら、まずは各社の採用ページ（**ナビサイトではなく、自社のサイト上で募集をする企業も多い**）を訪れ締め切りをチェックしてみよう。

インターンシップの判断基準 5

直接志望していなくても、「最速で最大の成長」をしたい人は外資系を検討しよう

インターンシップの判断基準 6

「国内」か「海外」か

商社やグローバルメーカーに興味があり、将来は海外で仕事をしたいと考えている人には、海外インターンは当然おすすめだ。志望業界でする仕事のミニチュア体験になるため、いい経験になる。

特に、海外経験が旅行や1カ月程度の語学留学しかないという人は、ぜひ挑戦してみよう。志望動機で「海外の仕事に挑戦したい」と語っても、その程度の経験では説得力がない。**挑戦したことがなければ本当にやりたいのかもわからないし、実際にできるのかどうかもわからない**。オンラインで海外インターンに参加することもできる。「タイガーモブ」などのサイトをチェックしてみよう。

また、海外で仕事をすることへの興味の有無に関係なく「ゼロの状況から自分を成長させたい」と思っている人にとっては、頼る人もなく言葉も完璧には通じない異国の地での経験は、大きな自信となるだろう。
すでに3年生の後半で「そんなことを言われても時間がない」という人もいるだろう。そういう人は、もしかしたら**戦略的に休学をするのも手かもしれない**。過激なことを言っているように感じるかもしれないが、それでも、きみがその挑戦に価値を感じるのであれば、有意義な1年になるだろう。

実際に、我究館のNくんは、1年目の就職活動を途中で切り上げ、「本当に挑戦しきってから再度就活します」と言って、マレーシアでのインターンに挑んでいった。結果として翌年、総合商社に進んだ。途上国の発展に貢献したいと思っていたKさんはカンボジアの企業で新規事業のインターンに参加した。帰国後、そこで見たことや感じたことを面接で力強く語り、第一志望の政府系金融機関から内定をもらった。今は途上国の発展に関わるプロジェクトに日々情熱を傾けている。

コロナ禍の影響が続いた中でも、果敢に海外へ挑戦した我究館生がいる。その共通点は圧倒的な問題意識だ。渡航規制や滞在先でのロックダウンなど、挑戦する不安は数多く、恐怖感さえあった。しかし、将来を見据えて「挑戦しないリスク」この方が大きいと考えた学生は、最善策を検討して旅立っていった。迷っているきみは、どちらのリスクをとるのか？　選んだ方がきみの進む道だ。

挑戦する場合は**「どこのエリア」で「何をするのか」**が大切だ。

欧米は人気だが、ビジネスレベルの英語がしゃべれないと「入力作業」など単調な業務に携わることが多いと聞く。もちろん、最先端のビジネスが次々と生み出されているシリコンバレーや、世界を代表する企業が集まる欧米の都市部でのインターンは確かに魅力的だ。ただし、求める経験や成長が手に入るかをしっかりと確認してから挑戦を決めよう。

一方で、経済発展が著しいアジアに行った学生は、日本では経験することができない多くのことに挑戦し、大きく成長して帰ってくる。

特に**アジアは、ネイティブレベルの英語力を求められず文化の壁も低いため、飛び込みやすい**。場所によっては、学生でも挑戦できる「余地」がある（ビジネス環境が未整備なことも多く、マナーや法律などをよくわかっていなくても、案外通用してしまう）。また、**金銭的な制約がある学生は、アジアの方がより出費を抑えて行くことができる**。

参加を決める前に、次のステップで考えてみよう。

1 興味のある業界と仕事を明確にする
2 自分に足りない能力や、経験したい職種を明確にする
3 将来勝負したいエリア（東アジア、アフリカなど）を明確にする
4 海外インターンのプログラムを調査し、期間などを決定する

詳細に関しては第12章に記載してある。そちらを参考にしてほしい。

国内でグローバル企業のインターンに参加することは、企業理解の意味ではとても有意義だ。一方、グローバルに働くことの現実や自分の適性を知るためには、海外に飛び込むことがいちばんの近道なのではないだろうか。

インターンシップの判断基準 6

グローバルに活躍したい人、ゼロの状況から自分を鍛えたい人は、迷わず海外に挑戦を

インターンシップの判断基準 7

「課外活動」か「インターン」か

きみが今日まで**「心からがんばってきた」**と思うことがあるのなら、**それが部活やゼミ、アルバイトやサークル、学生団体など何であれ、納得いくまでとことんやるべき**だと思っている。インターンのために中途半端にするべきではない。それをやりきることが、就活においても人生においても重要な「自信」につながる。もちろん「学生時代にがんばったこと」としてESや面接で採用担当者に伝える強いエピソードにもなる。

一方で、「ゼミが厳しくて時間が取れない」「体育会なので、朝から夜まで予定が詰まっている」「学生団体のイベントが近くて就活に時間が割けない」「サークルの幹部なのでMTGやイベントごとが多くて忙しい」「アルバイトで責任あるポジションを任されているので、シフトを減らせない」など、がんばっている学生ほど、周囲が就活モードに入るにしたがい焦る気持ちが生まれ、相談しにくることも多い。

そういう人には次のような戦略を提案したい。

1　なるべく早く、興味のある業界を明確にする（自己分析する）

2　その企業のインターン開催状況を把握する

3　「1day」を中心にエントリーする　※志望企業のものにはできる限り参加する

4　どうしても興味のある「5days」があれば、1～2社参加する　※活動に影響の出ない範囲で

5　今の生活の中で「やめられること」を見つけて、徹底的に時間を生み出す

1dayであれば、志望企業すべてに参加しても数日程度だ。企業理解が進む上に、「参加した」という履歴が残るだけで、その後秋冬のインターンの案内が優先して届くなど優遇される可能性がある。課外活動に手を抜かずに、自身をアピールするいちばん効率のよい方法だ。

また、先輩などから「ここの企業はインターン生から多くの内定を出すから受けておいたほうがよい」などの情報が得られれば、5daysだったとしても可能な限り参加したほうがいい。このケースは、外資やベンチャーに多い。内定者の9割以上がインターン生で占められるベンチャー企業もある。

そして5daysに1つでも参加するために、きみにできることは**「やめること」を見つけるこ**

とだ。細切れの時間でも、きみがムダにしている時間を見つけて削除する。

例えば、Instagram や YouTube などのアプリを、勇気を持って削除してみる。電車の中や家でついついチェックしてしまう時間をメールの返信や勉強、翌日のＭＴＧを効率的に進めるためのアジェンダ作りに割く。新しい何かを始めるためには、何かをやめる必要がある（もちろん課外活動以外で）。

徹底して時間を生み出し、管理し、インターン参加のための時間を捻出するのだ。そうすることによって、課外活動に全力で取り組む状況を確保する。

きみが目指すのは、志望企業に入社し、活躍することだ。そのためには、本選考を通過する必要がある。本選考で「学生時代にがんばったこと」を聞かれたときに、きみは何を語るのか。今、がんばっている活動だろう。それをぜひやりきってほしい。胸を張って採用担当者に語ってほしい。インターンのために「がんばったこと」ができなくなるようであれば、本末転倒だ。絶対に手放すな。

インターンシップの判断基準 7

がんばってきたことを「やりきる」ことが大切。その上で、「やめること」を見つけ時間を作ろう

「留学」か「インターン」か

これを読んでいるきみが、今から6カ月以上行けるのであれば、留学も有力な選択肢だ。これはあくまで僕の意見ではあるが、我究館生を見ていると、留学を通して、インターン以上に価値のある経験をしている学生が多い。

ただし、全員ではない。次の条件を満たせる場合のみ、おすすめする。

1 留学に行く目的意識が明確

留学に行く場合は、何よりもこれが大切だ。「行けば何かしら成長できそうな気がする」という漠然とした思いではもったいない。せっかくきみが時間も思いも投下して挑戦するのだ。目的意識を持ってより多くのものを手にできる時間を過ごしてほしい。

2　期間を6カ月以上確保できる

1カ月程度の留学はあまりに短く、できることが少なすぎる。また、**ESで「海外滞在経験」を記入する欄がある企業は、多くの場合「6カ月以上」となっている**。可能であれば、半年以上の期間を目指したい。

海外インターンの際にも伝えたが、場合によっては休学もありかもしれない。

経済的な負担もかかるため、一人では決められないことだと思う。まずは自分の中にある目的意識を言語化して、思いの強さをしっかりと自分で確認してみたい。そして、家族にも相談しよう。

3　帰国後にTOEIC®のスコアで860点以上を取る自信と覚悟がある

留学経験があるのにTOEIC®スコアが低い人がいる。それでは説得力がない。「海外で日本人と遊んでいただけなのではないか」と、採用側に思われてしまう。留学先できみが日々を多様な人と触れ合いながら、学びながら全力で過ごしてきた1つの指標が語学力の向上だ。当たり前のことを書くようだが、ここはしっかりと押さえておきたい。

4　多国籍の人たちとのプロジェクトや共同作業に挑む意志がある

ダイバーシティ（多様性）の中でチームプレーを経験すること、できればリーダーシップを発揮することを強くおすすめする。企業がまさに求めている経験だ。勉強などに熱中しすぎて、現地の人との交流が「たまに開催される飲み会だけだった」という人がいる。それではもったいない。勉強についていくのも必死な中、少しハードルは高く感じるかもしれないが、これからの社会で必要な能力だ。1つで良いから挑戦してみよう。

この4点を満たすことができるのであれば、留学をすすめる。企業は世界で挑戦してきたきみを評価するだろう。

インターンの経験も留学もどちらも全力で取り組めば素晴らしい経験を積むことができる。後は、きみに残された時間と目的意識次第だ。今一度考えてみよう。

インターンシップの判断基準 8
4つの条件を満たせるのなら、迷わず留学だ

第4章

インターンシップ参加業界・企業を選ぶための6ステップ

興味のある業界や企業を見つけてから
インターンシップに参加することが、
何よりも大切だとわかってくれただろう。
そのために「何」を「どのように」考えればいいのか。
この章では4枚のワークシートで、自分なりの結論を導き出す。

インターンシップ参加業界・企業選びの6ステップ

インターンの時点では、やりたいことを「最終確定」させなくてもよい。実際、インターンに参加しながら「思っていたのと違った」と感じ、志望業界を変更することはよくある。**憧れている業界の理想と現実のギャップや、自分の能力や適性を考えた末に、別の業界に将来を見出すことは決して悪いことではない。**

まずは、現時点でベストと思えるやりたいことや目標を見つけることだ。左図に示した6つのステップを踏むことで、それらが明確になる。

この本では、一晩で考えを整理できる4枚のワークシートを用意した。書き込むだけで、自然と自分の志望業界が明確になるようになっている。やりたいことが見えずにモヤモヤする日々を卒業するためにも、まずは今晩、思いつく限りのきみの思いをすべて書き出してみよう。

インターンシップ参加業界・企業選びの6ステップ

ステップ1	「やりたいこと」をコトバにする
ステップ2	「どこの、誰の、どんな課題や困難」を解決するのかをコトバにする
ステップ3	「やりたいことが実現できる業界」を探す
ステップ4	「インターンに参加する目的」を書き出す
ステップ5	参加できる企業を選び、一覧にする
ステップ6	参加当日までに準備する

インターンの段階では、まだはっきりしていなくてもいい。
まずは自分の考えをコトバにすることから始めてみよう

インターンシップ参加までのステップ1

「20代でやりたいこと」をコトバにする

今のきみには、30代、40代はまだイメージするのが難しいだろう。
なので、まずは「20代でやりたいこと」を自分の中でコトバにしてみよう。
その際に、3つの切り口で自分のやりたいことを考えてみると次々と出てくるだろう。

Being（人格や能力、専門性など）：「〇〇の専門性が欲しい」「営業力」
Having（地位や名誉、年収、パートナー、家や車など）：「20代で800万円」「大好きなパートナー」
Giving（社会に与えたい影響）：「テクノロジーで世界を前進させる」「世界の格差をなくす」

インターンも、就職活動も、自分のやりたいことを実現するための手段だ。
目指す未来に向けてインターンに参加することは意味があるのか。もっというならば今、就職活動に取り組むことは本当に意味があることなのか。**自分が未来に期待することがわかれば逆算的に見えてくる**ものだ。

人に話すのが恥ずかしくなるような大きなことでも構わない。コンプレックスの裏返しのようなものでもいい。**誰にも見せなくてよい。自分の気持ちに正直に、まずは書き出してみよう。**

ワークシートの手順は次のとおりだ。

1 **Being、Having、Giving にとらわれず、まずは自分の望みをありったけ書き出してみる**
2 **その中で「社会に与えたい影響（Giving）」について書かれているものを選ぶ**
3 **その中で、現段階でいちばんの「やりたいこと」を決める**

社会に与えたい影響（Giving）を元に考えると、志望企業が見えてくる。

「日本のプレゼンスを高めたい」「人の心を動かしたい」など、社会にベクトルが向いているものを見つける。「お金持ちになりたい」や「成長したい」などは、自分にベクトルが向いているものなので注意したい。

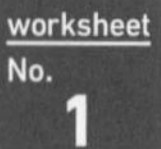

私の将来やりたいこと(例)

1.やりたいこと一覧

・世界一周したい

・途上国の発展に貢献したい

・世界に通用するビジネスパートナーになりたい

・家が欲しい(庭付き)

・年収が1000万円欲しい

・優秀な仲間に囲まれていたい

・社会の中で取り残されている人を救いたい

・挑戦する人を応援したい

・英語がしゃべれるようになりたい

・幸せな暮らしを手に入れたい

2.上記で「社会に与えたい影響」をテーマにしたものを選ぶ

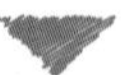

3.現段階でいちばんの「やりたいこと」

途上国の発展に貢献したい

私の将来やりたいこと

1.やりたいこと一覧

-
-
-
-
-
-
-
-
-
-
-
-

2.上記で「社会に与えたい影響」をテーマにしたものを選ぶ

3.現段階でいちばんの「やりたいこと」

「どこの」「誰の」「どんな課題や困難」を解決するのかをコトバにする

例えば「世界の貧困をなくす」というやりたいことを選んだとしよう。

しかし、これではあまりにもターゲットが大きすぎる上に、方法も無限に出てきてしまう。具体的に何をすればよいのかわからないし、どの業界で実現できるのか、イメージが固まらない。

やりたいことの抽象度が高すぎるのだ。

93ページのワークシートNo．2にある4つの質問に答えて、ターゲットをより明確にしよう。

4つの質問に答えるときに意識してほしいのは、なるべく「絞る」ことだ。

「どこの」という最初の質問に「世界中」と大きく答えてしまうと抽象度が上がってしまう。「東南アジア」や「日本の過疎地域」など、なるべくターゲットを限定すると具体性が増す。

「誰の」に対しても、「高齢者」や「若手ビジネスパーソン」「教育の機会が必要な子供」などと絞るとより具体的になる。きみが「いちばん」貢献したいターゲットを絞り込み、「どのようなテーマに対し」では、「誰の」で選んだ人たちに対してどのような価値を提供していきたいのかを考えよう。ここで大事なのは、誰に喜んでもらいたいかを考えることだ。

「どのような手段で」は、「誰の」「どのようなテーマに対し」で答えたことについて、自分はどのように価値提供をしていきたいのかを書く。Ｈｏｗの部分を考えていく。例えば「メディアを通して」「投資を通して」「ソリューション提供を通して」のように間接的な方法もあるだろうし、実際に現地に足を運んで「技術を提供する」「工場を設立する」「教育コンテンツを提供する」などの直接的な方法もあるだろう。きみがいちばんわくわくする方法はどのようなものか。

実際にこのワークをすると「誰の」を考える時点で「選べない。世界中の人を救いたい！」となる人がいる。気持ちはとてもよくわかるが、まずは絞りたい。**業界が分かれている理由は、広い世界の中で、それぞれが絞られたターゲットを担当しているから**だ。抽象的なままでは、自分の望む仕事はできない。勇気と意志をもって取捨選択し、絞ろう。

「どこの、誰の、どんな課題や困難」を解決するのか（例）

現段階でいちばんの「やりたいこと」

途上国の発展に貢献したい

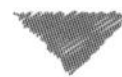

■どこの（先進国、途上国、貧困国、都会、地方etc.）

アジアのまだインフラが未整備の国が特に気になる。
2年生のときにボランティアに行って問題意識を持った。

■誰の（年齢、仕事、社会的立場、趣味etc.）

そこに住む子供たち。
彼らが夢を見られるような社会を作ることに貢献したい。

■どのようなテーマに対し（喜び、効率化、プレゼンス、格差、不便etc.）

経済発展の土台となるようなものを整えたい。
例えばインフラの整備など。

■どのような手段で（直接指導、間接的な仕組み、情報提供etc.）

ビジネスをそこで生み出すことや技術の提供などを通してサポートしたい。

worksheet No. 2

「どこの、誰の、どんな課題や困難」を解決するのか

現段階でいちばんの「やりたいこと」

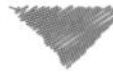

■どこの（先進国、途上国、貧困国、都会、地方etc.）

■誰の（年齢、仕事、社会的立場、趣味etc.）

■どのようなテーマに対し（喜び、効率化、プレゼンス、格差、不便etc.）

■どのような手段で（直接指導、間接的な仕組み、情報提供etc.）

インターンシップ参加までのステップ3

「やりたいことが実現できる業界」を探す

きみのやりたいことを実現できる「業界」を、まずは可能な限り候補として出す。最終的にインターンに応募しなくてもいい。大切なのは、きみがやりたいことを実現できる可能性がある業界を網羅的に把握しておくことだ。候補を少しでも多く書き出すことは、きみの将来の可能性を広げようとするプロセスでもある。

知識不足で業界が思いつかなかったら、書店で『業界地図』を買ってきて、まずはどんな業界があるかをインプットしてみるのもいいだろう。**知らなければ、当然選ぶこともできない**。

さらには、**友人や先輩、親にきみの「社会に与えたい影響」を話してみて「こんな業界もあるのでは?」と、提案してもらう**のもおすすめだ。彼らはきみの知らない業界を知っている可能性が高い。我究館でも、社会に与えたい影響を元に、学生同士で業界候補を提案し合うワークを行う。1時間程度で20業界以上は候補が出てくる。その中には、ワークの前ではまったく知らなかった業界や、思いつかなかった業界が混ざっている。

興味がないと思う業界も、一度は調べてみよう。就活初期は先入観で企業を判断しがち。「仕事がハード」「地味だ」と聞くと、それだけで志望業界から外してしまう人がいるが、もったいない。仕事がハードな企業ほどいきいきと働いているケースは多いし、地味と言われている業界でも、世界シェアNo.1の事業を展開していたりする。未来の可能性を、イメージだけで閉ざしてしまわぬように注意だ。

業界研究を進めてインターンに参加すると、そういった前評判がよくなかった企業が、実はきみのやりたいことが実現できるいちばんの近道となる企業だった……なんてこともある。

また、**先輩などに時間をいただいた際に、価値観が似ている人がいれば「どんな業界を見られていましたか？」と聞いてみる**のもいいだろう。きっときみと同じように、悩み、迷い、結論を出している。その先輩が目指した企業、そしてあえて選ばなかった企業を、理由とともに聞いてみよう。きみがこれから検討すべき選択肢と、意思決定に必要な視点を教えてもらうことができるだろう。

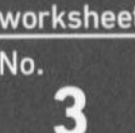

「やりたいこと」が実現できる業界（例）

現段階でいちばんの「やりたいこと」

途上国の発展に貢献したい

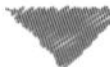

実現できる業界

1.自分が考える業界

・商社
・ゼネコン
・インフラ

2.友人や先輩から提案された業界

・プラントエンジニアリング
・IT
・政府系金融

3.親から提案された業界

・JICA
・NPO
・外務省

〈上記の中でインターンに挑戦しようと思う業界〉

・商社
・インフラ
・IT

worksheet No. 3

「やりたいこと」が実現できる業界

現段階でいちばんの「やりたいこと」

実現できる業界

1.自分が考える業界

・

・

・

2.友人や先輩から提案された業界

・

・

・

3.親から提案された業界

・

・

・

〈上記の中でインターンに挑戦しようと思う業界〉

・

・

・

インターンシップ参加までのステップ4

「インターンシップに参加する目的」を書き出す

志望業界のインターンに参加して、知りたいことや経験したいこと、確認したいことや手にしたいものは何だろうか。この本で繰り返し伝えているが、「目的意識」がインターン参加に向けて一番重要だ。**人は求めているものしか手にすることができない**。

ここまでワークシートを書いてきたきみなら大丈夫だと思うので、次の質問に答えながら、10ページのワークシートにガンガン書き込んでいこう（インターン参加のたびに作成してほしいので、コピーを取るか、専用のノートを作ろう）。

・業界研究・企業研究のために知りたいことは何か
・それを知るためにはどのような質問や行動が必要なのか
・自分の適性を確認するために、どのような行動をとるべきか
・自分はインターンを通してどのように成長していきたいのか

・その他、自分がインターンを通して達成したい目標はあるか
ネットや本で調べられることは調べた上で、思いつく疑問をすべて書き出す。

「その企業がこれから力を入れること」「やりがい」「苦しみ」「働く人の雰囲気」「求められる能力」「活躍する人の共通点」「実際の職場の雰囲気」「希望する職種の具体的な仕事内容」、「ネット検索で調べ切れなかったビジネスの流れや業務の具体的な内容」などなど……。

さらには、自分の成長のために何を意識すべきなのかも考える。グループワーク中に何を意識するのか。どんな強みを発揮したいのか。どのように貢献したいのか。どの部分を克服したいのか。

最後に、やや戦略的かもしれないが、**自分という人間をどのように採用担当者にＰＲしたいか**も考えたい。インターンも選考の場とするならば、絶対に印象付けておきたいところだ。

worksheet No. 4

インターンシップ参加の目的(例)

・社員の雰囲気を確認しに行く
→体育会のノリが強すぎないかチェック

・業界研究で見えなかった不明点を直接聞く
→質問リストを作成(目標30個)

・5daysなので参加中はなるべく多くの社員さんと交流する!
→目標10人!

・就活仲間を作る。
→インターン後も一緒にがんばれる仲間づくり

・絶対にグループワーク優勝

・自分の強みが活きるかワークを通して確認する

・採用ページにあった、新規事業の実態と、今後会社が向かっていく方向をネガティブな面も含めてリアルに教えてもらう

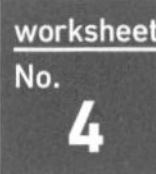

インターンシップ参加の目的

・

・

・

・

・

・

・

インターンシップ参加までのステップ5

参加できる企業を選び、一覧にする

さあ、ここまできたら、あとは参加企業を選ぶだけだ。

最終チェックとして、次の項目を確認しながら企業を探そう。

- □ **志望する企業は、インターンを開催しているか**
- □ **残された時間の中で、どれくらいの企業数、期間のプログラムに参加するのか**
- □ **それぞれのインターンで、自分の知りたいこと、得たい経験が手に入るか**
- □ **大手だけでなく、ベンチャー、外資、海外の選択肢も検討できているか**

インターンを探す先も多様化しているので注意しよう。

リクナビやマイナビ以外にも、インターンを紹介してくれるサービスは多く存在する。

例えば、外資系企業を志望している場合は「外資就活ドットコム」などの就職情報サイトからもインターンの情報は流れてくる。このほかベンチャー志望の学生は「Goodfind」「Wantedly」のサービスを使うのもいいだろう。海外インターンを目指す場合は「タイガーモブ」を利用している我究館生が多い。

また「トップ就活/転職チャンネル」などYouTubeから学べることも多い。

各社が得意分野に特化してインターンを紹介しているので、自分にあったサービスに登録しておくと、効率的に情報収集ができる。

参加したい企業を選んだら、それらを一覧にしよう。次のようなメリットがある。

1　**やるべきことと、その期限を可視化できる**

2　**志望順位がはっきりし、志望理由を言語化しやすくなる**

まだおぼろげかもしれないが、きみが今の段階でベストと思えるやりたいこととそれを実現できる企業を選ぶことができているはずだ。仮決定でもいいので、勇気を出して決断しよう。

そして必ず参加し、きみの未来の選択肢を広げよう。

インターンシップ参加までのステップ6

参加当日までに準備する——見た目・オンライン対策編

インターン参加を機に、学生から社会人になる準備をしよう。学生同士でウケがいい髪型や服装は、社会人からするとだらしなく見えることが多い。次を参考に切り替えてほしい。

ロスーツ

・インターンを機に、新調してはどうだろうか。大学の入学式用に買ったスーツを着る学生が多いが、サイズが変わっていたり、よれよれになっていたりする。

・スラックス（パンツ）にしっかりと折り目が入っていることを確認してから、会場に行こう。

・かばんを肩にかけないこと。ジャケットにシワが入ってしまうからだ。それだけでだらしない印象を与えてしまい、評価が下がってしまう。

・ポケットにものが入っているとジャケットもスラックスも型が崩れてしまう。スマートフォンや財布などは、かばんに入れよう。

□ワイシャツ

・真っ白な、体にフィットしたものを着よう。インターンの選考当日は、汚れているものは絶対に着ない。夏場は汗をかきやすく、インターンにいくつか参加している間に洗濯をしていても首回りが少し汚れてくるもの。できる限り複数枚用意して、常に真っ白であることを心がけよう。

□靴

・汚れはないだろうか。できる社会人ほど足元に気をつかう。見ていないようで、面接官は見ている。細部に気を配れる人物であることを、足元からさりげなく伝えよう。

□髪型

・少しウェットな仕上がりになる整髪料をつけて、できるだけ額を出す。

・おじぎをしたとき髪が乱れないよう、事前に確認を。ハーフアップなどにしていこう。

□かばん

・**「自立」するスリムなもの**を選ぼう。ナイロン素材の、置くと倒れてしまうものを持っている人を見かけるが、だらしない印象を与えてしまう。リュックサックなど、通学で使っているものもやめて、これを機に新調しよう。

□ベルト

・スーツ用のものを選ぼう。色は黒。バックルが目立ちすぎないもの。また、長年つけていて素材が痛んでいたり、白くなっている場合は買い換えを。

□腕時計

・シンプルな黒革またはシルバーバンドで。G-SHOCKのようなラバー素材の時計は避けたい。グループワーク（GW）で使用できるよう、秒単位で正確に時間が計れるものがよい。

□靴下

・色は黒か紺。スーツ用のものが良い。白、グレー、茶色などはやめよう。
・ストッキングも、色が白すぎるものや濃すぎるものは避け、自然な色のものを選ぼう。

□アクセサリー

・ピアスや指輪は外していこう。どうしてもつけたい場合はシルバーのごくシンプルなものであればよい。大きな石が付いているものや、チェーンが太いもの、ゴールドのものは控えよう。

□ オンライン

・日中は自然光が顔に当たる位置で面接を受けるよう工夫し、夜は女優ライトなどを活用して顔が暗くならないようにする。

・カメラの高さを調整し、目線の位置にくるようにしておくこと。画面ではなくレンズを見て、実際に相手の目を見ているように話す。

・背景は、無地の壁かシンプルなバーチャル背景にしよう。ごちゃごちゃの部屋を採用担当者にアピールするのは避けたい。

・電源とWi-Fiは事前に確認しておくこと。回線が落ちるなど、ネットワークトラブルになったときに備え、企業の連絡先（電話番号）を事前にメモしておこう。

・通信状況などを確認しておき、開始の10分前までに待機室へ。移動時間がないからといって、ギリギリにならないように。

インターンシップ参加までのステップ6

参加当日までに準備する——態度編

また、服装と同様に、態度もきみの評価対象となる。次のことを意識しよう。

□あいさつ

・セミナーや選考、インターンで会場に入ったときに、相手の目を見て元気にあいさつをする。

・資料を受け取るときは両手で。準備してくれた方に感謝の気持ちを込めて。**人事の前と受付の前で露骨に態度が違う人がいる。**これではあまりに残念だ。人事もしっかりチェックしている。

□笑顔

・常に明るくポジティブな表情でいく。初めてのインターン参加で緊張することや、選考がうまくいかなくて暗い気持ちになることもあるだろう。それでも笑顔全開でいく。ヘラヘラ笑うという意味ではない。**明るく元気な表情で。**そういう人と、人は一緒に働きたいと思う。

□声の大きさ

・基本は大きく。**少し元気過ぎるくらいでいい**と僕は思っている。腹から声を出すだけで自信があるように見える。優秀に見える。場を明るくする力を持つことができる。

□話を聞く態度

・人の目を見て、相づちを打ちながら、前のめりの姿勢で話を聞く。説明会などでよくある失敗は、集団での説明会だから自分は見られていないと思って、だらしなく座ったり、スマホを触ったりすることだ。確実に見られている。

・オンラインでは画面を通すと人柄が適切に伝わらないことも。通常の1・5倍のリアクションをして元気さと明るさをアピールしよう。

□マナー

・宛名の書き方、お礼メールの文面、社員交流会での質問の準備、敬語、エレベーターに乗るときの順番など、社会人としてのマナーを学ぶ。「○○　マナー」といったキーワードでネット検索して最低限の事前準備を。

インターンシップ参加までのステップ6

参加当日までに準備する——中身編

インターンに参加することが決まったら、見た目だけでなく「中身」の準備もしよう。具体的には次の3つ。準備の量と質次第では、ほかの学生に大きな差をつけられる。

1　参加する企業の研究

2　自分の意見を持つトレーニング

3　過去に出されたワーク（課題）についての情報収集

1　参加する企業の研究

次のような情報にひもづいたテーマが、インターン中にワークとして出されることが多い。そのため、事前に情報収集をしておくと、実際のワークの際に発言できる機会が増える。

・採用ページに書いてある、その企業の「事業内容」「職種（営業・企画など）の仕事内容」欄を読む。「何をしてお金を稼いでいるのか」「それぞれの職種の人が、具体的にどのような役割を果たしているのか」を、把握しておく。

・（上場企業の場合）ＩＲ（株主・投資家情報）を読む。参加する企業が上場企業の場合は、必ずホームページ上にＰＤＦファイルなどの形でＩＲ資料がある。**特に読んでおきたいのが「中長期経営計画」**だ。その企業が3年後5年後、どこに向かおうとしているのかについて書かれている。「世界の〇〇のエリアに進出したい」「〇〇の事業部の成長率を１２０％にしたい」など。こうした内容と同じ課題が出されるケースがしばしば見受けられるので、調べておくと有利だ。

・直近1カ月の、参加企業に関するニュースを読む。日経新聞などのニュースサイトにある「サイト内検索」に参加企業名を入力、そこで出てくるニュースに目を通しておく。1カ月分のニュースを読んでおくと、「今」その企業が何に力を入れているのかが見えてくる。時間がない場合は、ニュースのタイトルだけを1カ月分読むだけでも、「この事業部のニュースが多いな」や「アジアの中でも特に〇〇国に注力しているな」といった傾向が見えてくる。

2 自分の意見を持つトレーニング

インプットした情報に関する、**自分の意見を持つトレーニングをする**。ワークでは、基本的にアウトプットを求められる。企業情報を収集したら、それらについて、自分なりの意見を持つようにしたい。たとえば「A社のアジア進出は、同業他社のB社と比べて成功すると思う。なぜなら、A社の持つ技術力が……」「岸田政権によって、○○業界の今後は○○になると思う」など。最初は難しいかもしれないが、練習すると、だんだんと意見が持てるようになる。インターン参加の日まで、**参加企業のニュースで、1日ひとつ、考えをまとめてみよう**。「ニュースチェック→意見をまとめる」を毎日10分だけ行うなど、無理のない方法でやってみるのがおすすめだ。

また、**インターン参加中の発言はコンパクトにする**ことが大切。

「結論ファースト」を常に意識して、「私は○○と思います。なぜなら……」と、結論→根拠と自分の考えをアウトプットできるようにしたい。

結論ファーストが苦手な学生は多い。大事なのは「たいせつなことはなにか?」を意識しながら考え、話すことだ。

話を聞くときは、聞きながら話のポイントを整理しよう。

3 過去に出されたワークについての情報収集

昨年はどのようなワークだったのか、「外資就活ドットコム」「ONE CAREER」「unistyle」などの情報サイトを使って情報収集しよう。

「○○業界の今後のビジネス展開について考える」といったテーマを知ることはもちろんだが、

「3日目に社員に質問できる時間がある」といった、ワークに関して知っておくとよさそうな情報が得られることも。

テーマがわかった場合は、それに関連した情報のニュース検索を重点的に行う。ワークの流れがわかる場合は、「3日目に質問できるなら、1日目に情報収集、2日目にまとめ、3日目にフィードバックをもらって4日目に修正、5日目に発表だな」など、**参加中のスケジュールを自分なりにイメージ**しておこう。

COLUMN

納得いくまで自己分析をしたいきみへ

これを読んでいる人の中には、4枚のワークシートだけでは納得ができない人もいるだろう。ある程度思考を整理したら、あとは動きながら考える人もいる一方で、動き出す前に真剣に考え、深い納得感を手にしてから猛烈に走り出す人も当然いる。

後者のタイプは『絶対内定2025 自己分析とキャリアデザインの描き方』（2023年5月9日刊行予定）のワークシートに取り組んでみよう。本書に掲載したワークシートよりもかなりボリュームがある。しかし、やってみればわかると思うが、本気で取り組めば、きみの過去・現在・未来の様々な経験や思考が具体的に言語化される。

さらに、我究図というツールも使えば、十分に我究（自己分析）ができているところ、不足しているところが一目でわかるようになる。これは、A4用紙1枚に、ワークシートでわかった「自分の過去、現在、未来」をまとめるためのものだ。一覧にすることで、これらに一貫性と納得感があるかを確認できる。また、それによって進むべき方向ややるべきことが見えてきて、インターンをより活用できる。

これまでのがんばりとこれからやりたいことが明確にわかっていれば、インターンに参加する理由や自己PRなどで、ほかの学生と比べものにならないほど「自分のことを、自分の言葉で、自信をもって語れる」ようになる。

また、本選考はESの設問が多く、面接時間が長いため、答える内容もより深くなる。我究図で語るべきことの構造を把握しておけば、問題なく対応できる。

さらに、ワークシート上で見えてきた志望企業や自分の強みを、インターン参加中と参加後に再度振り返る。そして、「本当にこれがしたいのか」「本当に自分の力を発揮し、活躍できるのか」を問い続ける。そうすると自分が進む道なのかどうかが、おのずと明らかになる。同時に、自分が今のままでは通用しないことに気づいたり、本選考までに何に挑戦するべきなのかも見えてくる。

最後に、僕が実際に我究館生とやっている、ワークシートや我究図の活用方法を紹介したい。

1　我究図に自分の過去・現在・未来を、事実と感情の2つの視点で書き尽くそう。エピソードの内容や、図としての仕上がりよりも、吐き出すことが大事だ。

2　書き上げた過去・現在・未来について、自分でもよくわからないことや、自信がないところ

COLUMN

を改善する。ここで、絶対内定のワークシートに取り組もう。数は多いが、まずは1週間から2週間で1周やりきることを目標に取り組もう。

3 再度、我究図を書いてみる。1回目とは比べ物にならないほど、充実したものが完成する。しかし、まだ解決しきれていない課題が必ずあるはず。そこをワークシートを活用しながら繰り返し我究しよう。

第5章

選考対策
インターンシップのエントリーシート(ES)対策

インターンシップ選考のエントリーシート(ES)で、ほとんどの企業がしてくる「2つの質問」がある。

それに対してきみは、何をどの順番で考え、どのように答えればいいかをここでは解説しよう。

インターンシップのESでよく聞かれる2つの質問

インターンのエントリーシート（ES）では、基本的には次の2つを聞いてくる。まずは、この対策から始めよう。

質問1　学生時代にがんばったこと
質問2　志望動機（インターンで学びたいこと）

例外の問いはもちろんあるが、必ず聞かれるこの2つの質問への回答の精度を上げることが、すべての企業の選考通過への最短距離だ。

我究館生が実際に書いて「通過した」ESを6章に掲載しておいた。それぞれのESに僕からのコメントも入っているので、参考にしながら、何に注意をしてESを書き進めるべきか理解していこう。

質問１　学生時代にがんばったこと

学生時代にがんばったことを聞くことによって、次に挙げたポイントを確認しようとしている。当然、志望企業の求める人物像とマッチしていれば通りやすくなる。自分の具体的な経験を伝えながら、志望企業で活躍するイメージを持ってもらえるかが大切だ。まずは企業研究をして自分がその企業でどんな職種に挑戦したいかを調べてみよう。そして、その職種で**「求められる人物像」を捉えることができれば、自分のどんな経験を相手に伝えるべきかが見えてくる。**

［採用担当者のチェックポイント］

・**どんなことに力を注いできた学生なのか**
→どんなことに対してがんばろうとするタイプなのかを確認している
・**どんなことにこだわりを持っている学生なのか**
→譲れない価値観はいったいどのようなものかを確認している
・**困難や失敗とどのように向き合う性格なのか**
→ストレス耐性や、困難な状況でも創意工夫できるタイプかを見ている

・自社の求める能力とマッチしているのかどうか

↓強みや価値観が、自社でどう活かせるのか。今後伸びていく可能性があるのか確認している

質問2　志望動機や興味関心のあることについての質問

ダイレクトに「当社のインターンに参加する動機をお聞かせください」と志望動機を聞いてくる企業も多い。最近の傾向として、「インターンで学びたいこと」を聞く企業が増えた。受動的な態度で臨む学生のフィルタリングだと考えられる。

一方で、次のような質問で学生が自社のビジネス領域にどれほど関心を持っているか、企業の理念に共感しているかを確認してくる企業もある。

本書に掲載しているESの設問だと次の質問などがそれに当たる。

・今後ソニーが作るべき新しいプロダクト・サービス・アプリケーションをあなた自身のアイデアや工夫を交えながら提案し、その理由を記述してください。（SONY）

・ITの力で世界をどのように変えていきたいですか？／あなたが好きなことは何ですか？（Microsoft）

回答を読めば、どの程度の業界知識があるのか、将来その業界で活躍することを具体的にイメージできているかが一目瞭然でわかる。

また、そのやりたいことが自分の経験に基づいていることも説明できるようにしよう。就職活動の初期の段階では、製品の身近さや業界のイメージで志望業界を選びがち。「SONYの製品はカッコいいイメージがある」「広告代理店は影響力が大きいイメージがある」などだ。事実ではあるが、仕事として何十年もその企業や業界で働く覚悟は感じられない。

幼少期の経験や高校大学での活動、大学での勉強など、**きみが一定期間思い入れを持って行動してきた経験とリンクさせながら書かれた志望動機の方が、きみも読み手も納得のいく文章になる。**

注意 せっかく面接に進めたのに、書類に何を書いたか覚えていないということにならないよう、提出したESや履歴書などはコピーをとっておくこと。最終版はわかりやすいようにタイトルを変えてデータを保存しておこう。

インターンシップのESで
よく聞かれる2つの質問

質問1

学生時代にがんばったことは
何ですか?

結果だけでなく、プロセスやこだわりに注目

質問2

なぜ当社のインターンに
参加するのですか?

応募企業に興味を持った動機を聞いている

人事担当者はこの2つの質問を通して
「採用につながる可能性の高い学生」か
どうかを見ている

「がんばったこと」に何を書くか

次の４つの要素が入っていることが理想だ。文字数の都合で入らないときは1〜3をＥＳに書き、4は面接で伝えよう。

1　がんばったことは何か
2　その中で困難だったことは何か
3　それをどのように乗り越えたのか
4　その中で学んだこと

3では、きみが困難とどのように向き合ったかを書く。一番注目されるポイントだ。誰だってうまくいくときは大きな努力がなくても結果が出るものだ。大事なのは、うまくいかなかったとき、自分の能力ではどうしようもなかったとき、失敗してしまったときに、どう行動できるかだ。文字数の許す限り詳細に書いていきたい。

4では、ひとつの経験からきみがどれだけ成長できるかをアピールする。結果が成功であろうと失敗であろうと、きみは経験からどれだけのことを学ぶことができるのか。同じ経験をしていても、成長速度には個人差があるもの。内容によって、企業はきみの成長速度を測っている。

最近の学生からは、学生時代がんばったことのうち、特に「仲間と一緒にがんばった経験」がないという声をよく聞く。たしかに、その理由もよくわかる。コロナ禍により、これまで当たり前だった学生生活を過ごせず、大変な思いをした人も多いだろう。

ただ、考え方を変えてみてほしい。多くの人が同じ不安を抱えている。そんな中、勇気を持って踏み出せば、大きな差が生まれる。サークルの同期に交流会を働きかけてみる、ゼミを決める段階で先輩に話を聞きにいく。それ自体は小さな行動かもしれないが、大事な一歩だ。最初から大きなことをしようとハードルを上げなくてもいい。できることを日々増やしていけば「学生時代にがんばったこと」として堂々と語れるものにつながる。

「学生時代にがんばったこと」で伝えたい4つの要素

1. 何をがんばったのか

2. その中で何が困難だったのか

3. それをどのように乗り越えたのか

4. その中で何を学んだのか

3と4が特に重要。
きみの成長意欲や成長速度が見られている

志望動機はどのように書けばいいのか

志望動機に必要な3つの要素は次のとおり。1→2→3の順に書いてみよう。

1 なぜその業界に興味を持っているのか

その業界を志望している理由を、自分の過去の経験に基づいて説明する。「過去に○○の経験をした。それ以来、○○業界に興味を持った」など。

2 なぜその企業を志望しているのか

なぜその企業に興味を持つことになったのか、同業他社と比較する。採用サイトの読み比べや、内定者に直接、業界・企業研究の話を聞かせてもらうのもいいだろう。

3 インターンを通して何を得たいのか

前章のワークシートで考えたことの中で、特に伝えたいことを語る。「成長したい」や「肌で感じたい」など抽象的なことではなく「○○を学びたい」「○○を確認したい」など具体的に得たい経験や学びたいことを書くことが大切だ。目的意識と主体性をアピールしよう。

インターンシップの志望動機で伝えたい3つの要素

1. 志望業界に興味を持つ「キッカケとなった経験」

2. 志望企業に「特に興味を持っている理由」

3. インターンを通して得たいこと

企業ときみの「接点」を
具体的に伝えるのだ

COLUMN

インターンシップの筆記・適性試験対策

就活生は平均して9・8社の筆記試験や適性試験を受けている（『就職白書2021』より）。

企業が選考で使用するテストには、さまざまな種類がある（SPI、デザイン思考テスト、GAB、CAB、玉手箱、TG-WEB、内田クレペリンなど）。テストの種類によって言語能力、非言語能力、法則性発見能力、語学力、数的処理能力などを見る。出題形式はさまざまだ。それぞれの企業が、学生を見ているポイントが異なるため、企業によって採用しているテストはバラバラである。

インターンでテストの受験を求められる場合は、その企業が本選考で使用しているものが出てくるケースが多い。志望企業が例年、どの種類のテストを採用しているかを、ネットや本などで確認しておこう（企業によっては独自のテストを開発している場合や、ケースは少ないが年度によってテストを変えてくることも）。

その中でも、SPIが使われるケースが最も多い。志望企業のテストがわからない場合は、まずはSPIの対策をしておくことをおすすめする。当然ながら本選考でもSPIを採用している企業が多いため、ムダになることは少ないだろう。対策は書籍を購入するのがおすすめだ。「**SPIノートの会**」のものがわかりやすい。最低でも正答率80%を目指そう。

特に自分が志望している企業に対して、自分の学歴が低いと思っているならば、8割以上の高得点を目指すことが重要だ。採用担当者にスコアが渡され、それによってきみの印象が左右されることもある。こういった細かいところにもこだわりたい。

162ページと218ページのコラムでは、インターンの段階から筆記試験対策をスタートし、本選考で納得いく結果を得られた学生の事例をそれぞれ紹介する。もちろん、対策は早く始めるほうがいい。だが、忙しい中で継続するには工夫がいる。自分なりの学習習慣を確立させるために、ぜひ2人の体験記を読んで、やり方を取り入れてみてほしい。

第6章 インターンシップのエントリーシート（ES）実例と添削

先輩たちが書いて、実際に通過したインターンシップのESを掲載している。
前章の解説と各ESに対する僕のコメントを参考にしながら、
自分がESを書く際の注意点を、実例をベースに把握していこう。

博報堂
のエントリーシート

このシートはあなたの“粒ちがいの個性”を知るためのものです。過去を振り返って自分らしさを知るもよし、将来やりたいことから自分らしさを知るのもよし。学生時代の経験という一側面だけでなく、あなたらしさを360度全方位から捉えた、“等身大の個性”を教えてください。

【My Vision】
これからの人生で達成したいことや社会の中で生み出したい成果、将来にわたって大切にしたいライフスタイルなど、あなたの中長期的なビジョンを最大3つ、各30字以内で表現してください。

人々に「驚き」と「感動」を与える物を作り続けたい。
家族や友人の特別な日には「サプライズ」をして喜ばせたい。
身近な人を「笑顔」に出来る自分自身でありたい。

重要なことは「カギかっこ」で囲い、強調すればよりわかりやすくなる。My Visionのように、自分が大切にしていることを言語化することは難しいが、うまく表現できている。この能力は非常に大事で、面接でも話すべきことの核になる。しっかりと我究（自己分析）しておくこと。

【My Engine】
あなたの人生における原動力や判断軸となっている大切な価値観など、今のあなたの行動基準となっている要素を最大3つ、各30字以内で表現してください。またそれらをまとめて、今のあなたを表す言葉を30字以内でつけてください。
※行動基準の要素同士は、一見矛盾するものでも構いません。

私は　みんなの心を動かすエンターテイナー　だ。

多くの人を「心」から楽しませたい。
多くの人を「心」から驚かせたい。
多くの人を「心」から感動させたい。

「みんなの心を動かすエンターテイナー」という言葉とうまく連動させている。表現から洗練さを感じられて良い。まずは伝えたいことを明確にし、表現のパターンを複数考えたのが想像できる。

【My Episode】
あなたの人生や日々の生活を振り返り、「あなたらしさ」が表れていると思う具体的なエピソードを最大６つ、各80字以内で教えてください。
※「あなたらしさ」が表れているものであればどんな些細なことでも構いません。良い面だけを書くのではなく、嫌いなことや苦手なことも含めて、あなたらしいエピソードを書いてください。
※思い悩んだら是非、家族や友人等、他の人にも聞いてみてください。自分では気づかなかった一面が見つかるかもしれません。
※パーソナリティ理解を目的としたシートになりますので、自身が書きたくないと思うことを記入する必要ありません。

【from 高校時代の友人】誕生日の日にサプライズで野外フェスに連れて行ってもらった。その際に、「もっと驚かせたい！」と思ったのか限定のシャツやホテルまで用意する徹底ぶりには驚かされた。

【from 自分】趣味は、「騙しあいのスポーツ」とも称されるバドミントンで相手が考えた事とは全く違う打球を打って「そっちだったか！」と驚かせることが好きだ。

【from 大学の後輩】コロナ禍で同級生と全く連絡が取れない状況で急遽新入生歓迎会を開いてくれた。「楽しませたい」という思いからか自分は殆ど前に出ず1年生主体で楽しませてくれた。

【from バイト先の上司】電話営業でパートさんが疲れているときに「楽しませよう」と声をかけていたのが印象的だった。特に疲れている社員にエナジードリンクを買ってきたのは驚いた。

【from 母】家ではよくドラマチックな映画や小説を見ている。人に影響を与えることが多い一方で自分自身も「驚き」や「感動」を与えられることが好きなのだと思う。

【from 大学の友人】いつも他の人を「楽しませる」ことを考え続けている。そのせいか、あまり場が盛り上がらなかったときは1人で反省をしてしまう癖があるのでその点は直してほしい。

どの回答からも「人を楽しませよう、喜ばせよう」という人柄が伝わってくる。特にMy Engineの３つは、表現を繰り返したことで、インパクトとわかりやすさがある。この企業で仕事をする上で必要な「どう人を惹きつけるか」「どうわかりやすく伝えるか」という視点を持てている。
My Episodeでは自分と関わる人から、いろいろな側面のコメントをもらっている。どれからも「人を楽しませよう、喜ばせよう」というパーソナリティが伝わってくる。どんなときも一貫した人物像が理解できる構成になっていて、素晴らしい。
このようなESを書くために大事なのは、自分のコアを言語化することだ。そして、そのプロセスで重要なのは「なぜそうなのか？」「本当にそうなのか？」「いつからそうなのか？」など様々な角度で自問し、他者からも問いかけてもらうことだ。

Microsoft
のエントリーシート

（文字制限なし）

1. ITの力で世界をどのように変えていきたいですか？

世界中の一人一人が自分の思いに正直になり、実現したいことに向けて挑戦できる社会を実現したいです。それを叶えるためには（1）情報を得る機会が人・環境によって大きく左右する（2）外部要因により選択肢が狭まるという二つの課題を解決すべきだと考えます。私自身、就職活動をする中で、自分の周りに情報が入ってこなかったことでチャンスを逃す経験や、参加したいイベントがあっても、場所が原因で諦めざるを得なかった経験などからそれらを痛感しました。私はそれらを解決する方法として、ビッグデータの活用とAR,VR,MRの導入があると考えます。（1）の課題に関しては、クラウドで管理されたデータを使用し、AI技術を用いることで、各個人が必要とする情報を的確なタイミングで受動的に得ることが可能になると考えます。（2）の課題に関しては、AR,VR,MRを用い、理想とする環境の創造が可能になることで、時間、場所、お金といった物理的障害を減らします。例えば、日常の買い物をよりスムーズにするアスクル株式会社でのAzure導入や、バーチャルでの設計やコミュニケーションを可能にする建設業におけるホロレンズの導入はそれらを示す良い事例だと考えます。

私が抱く課題は日本社会にも大きく顕在していると考えており、上記のようなIT技術を用い課題解決に取り組むことで、まずは「日本中の一人一人が自分の思いに正直になり、実現したいことに向けて挑戦する社会」を創造することを目指します。そのためには初めに、組織が課題に取り組む環境を構築する必要があると考えます。それは個人の多くは組織に所属しており、組織が変わることで個人が変わり、社会が変わると考えるからです。ソフトウェアやクラウドで世界をリードし、日本のトップ企業とパートナーシップを組んでいる貴社で働くことでそれが実現でき、自分のビジョンが達成されると考えます。

組織がどのように変わると個人が「自分の思いに正直な」状態になるのか。もっと具体的に書きたい。Microsoftで本当に夢が叶うイメージを持っているのかを具体的な記述で示したい。

「受動的」に受け取った情報では、「自分の思いに正直」という能動的な生き方を実現できないのではないか。

IT業界の志望動機につながる人生のコアが書かれている。

2. あなたが好きなことは何ですか？

新しい環境に足を踏み入れ、自分の変化を体感することです。それは、新しい知識・体験を得ることで、今までの自分とはまた違う自分に出会うことに喜びを感じるからです。アメリカ留学時に所属していたコンサルティング団体でまさにそれを感じました。そこでは顧客データを活用したマーケティング施策を提供するサービスを行っていました。それまでビッグデータという言葉さえ聞きなれなかった私にとって新たな挑戦で、当初は不安だらけでした。ただ、事業を進めていく中で、今まで曖昧にしていた課題が数字で明確になることや購買行動が定量的に測れることに楽しさと、データ社会がもつ可能性に魅力を感じるようになりました。また実際に、クライアントの月売上を3カ月で150%増することに貢献した時は、これまでビジネスの場でデータを扱ったことや、コンサルティング事業をしたことがない自分でも誰かの役に立てることに、やりがいと自己成長を実感しました。そこには未知の世界に踏み込んだからこそ出会えた新たな自分がいました。変化の激しい時代において、個性を大切にし、Growth Mindset で常に新しいものを受け入れるカルチャーをもつ貴社でも、様々な変化を受け入れ、その度に自分自身の変化を実感できると考えています。

知識がゼロの状態だった過去を説明することによって、この後に続く成果がいかに大きな出来事だったのかが伝わってくる。

アメリカ留学以外でも、新しい環境に足を踏み入れた経験があれば、「国内においても○○や丸々に挑戦をすることで同様の変化を体感してきた」のように書いておきたい。単発よりも複数の経験があった方が、そのコアが本物であることを相手に伝えられる。

自分のコアが簡潔に語られていて良い。変化が激しい外資系が求める人材ともマッチしている。

3. インターンを通して達成したい目標

私が掲げる目標は以下の二点です。

(1)「Empower every person and every organization on the planet to achieve more」というミッションを体現する6つのバリューを自分なりの形で表現できる人物になることです。それは、貴社のミッションと私の価値観と重なる部分が多く、貴社の価値観をもってしていかに私が上記で掲げる社会を実現できるかを改めて考えるきっかけになると感じたためです。Microsoft本社で働く方とプロジェクトを行った経験からも、取り組むべき課題に全力を注ぐ姿や、多様な価値観や変化を受け入れ、チームでことを成し遂げようとする姿勢に触れ、よりその思いが強くなりました。

(2) 日本を代表するパートナー企業が抱える現状課題とそれを解決する具体的なアプローチを理解し、チームに貢献することです。1の設問で言及した通り、私の思いを実現するためにはまず日本の組織課題を解決しなければなりません。それには、企業が抱えるボトルネックや、それを解消する貴社がもつ提供価値を知る必要があります。それは表面的に知識を蓄えるだけでは足りず、実際の現場に入り、積極的に携わることで可能になると考えます。

上記二点を達成するために私は三つの行動指標を設けます。

(1) インターンではなく、社員同等の当事者意識をもち、主体的に行動すること。答えを待つのではなく、顧客の問題はどこにあるのか、それを解消する最適解は何なのか、を自ら考え、行動に移すことを継続します。

(2) 部署関係なく、周りと積極的に関わること。社内にはそれぞれ異なる考え方や強みをもった優秀なメンバーがいると考えます。周りの意見に耳を傾け、自分の意見を混ぜることで最良のパフォーマンスを発揮します。

(3) 正直でいること。インターン中多くの困難に直面することが予想されます。その中で自分のプライドを守るために虚構をはるのではなく、考えてもわからない時は周囲のサポートを求めます。逆に少しでも疑問に思ったこと、感じたことは必ず伝えることを徹底します。

そしてそこで得た知識・経験を本インターンだけで終わらせるのではなく、現在関わっているコンサルティング事業や地方学生のキャリア支援を行う活動に早速活かしていきたいと考えます。

ややや企業に迎合しているようにも思う。自分の価値観と重なる部分があるのであれば、具体的に書きたい。

ややこびている印象もあるが、実際に直接仕事をした上で志望しているというのは一定の説得力がある。

学んだことを応用しようとする姿勢が素晴らしい。行動指標はどれも本気さが伝わってくるものだ。会ってみたくなる。

面接で具体的に言及される可能性がある。問題のポイントとその背景について、仮説を立てておきたい。

NTTドコモ
のエントリーシート

ドコモに限らず、インターンシップに参加しようと考えた理由を教えてください（150文字以内）

学んだことを生かして、“記憶にインパクトを与えるモノ・コト・サービス”を生み出せる会社を探すためだ。学部では情報工学科で、“IT”に関することを学び、修士ではメディアデザイン研究科で課題解決をするための“コンセプトの作り方”を学んだ。２つの学問が最大限生かせる会社をインターンシップで探している。

自分が大切にしているコアが言語化されていてとても良い。自分なりに考えて生み出された言葉であることも伝わってくる。

自分の学びを活かそうとしているところも評価できる。

自分の長所を語ってください（200文字以内）

他人を巻き込みながら課題解決のために自発的に動けるところだ。大学の陸上競技部では指導者がいなかったため、部員や外部コーチと議論することで自分が強化すべき弱点を見つけた。その後、私の弱点を強みとする同期に一緒にメニューを取り組むことで“具体的に○○秒ほど記録を伸ばせる”と過去の事例や論文などの科学的なデータを用いて説得することで、練習パートナーとなってもらい共に自己ベストを更新していった。

個人競技に思われがちな陸上部で、しっかりと周囲を巻き込む「チームプレー」を実現しているのが伝わってくる。

200文字のESは限られた文字数で伝えるべきことを伝えるのが難しいのだが、コンパクトな文字数で陸上部での困難を伝えられている。

ドコモのインターンシップに応募した理由を教えてください（200文字以内）

貴社のスポーツ＆ライブビジネス推進室の取り組みは記憶にインパクトを与えられると感じたからだ。私はスポーツ鑑賞体験を、先端技術を用いて離れていても選手の鼓動や臨場感を感じられる体験にしたいと考えている。貴社の取り組みはテクノロジーを用いてスポーツにインパクトを与えることであり、将来実現したい事と近いと感じた。このような背景から、貴社のインターンシップで企画立案をしてみたいと思い応募に至った。

自分の価値観と志望企業の具体的な事業内容がリンクしていてとても良い。ただし、ドコモの事業の中でも非常に限定的な部署なため、企業研究を進めながら自分のコアを実現できる部署を複数見つけていこう。

SONY
のエントリーシート

コース別設問１（必須）
第一希望で選択するコースの設問に対する提案内容を記述してください。

〈プロダクト＆サービスプランニングコース〉
今後SONYが作るべき新しいプロダクト・サービス・アプリケーションをあなた自身のアイデアや工夫を交えながら提案し、その理由を記述してください。
提案にあたっては、お客様が具体的にどのような体験ができるのかを記述してください。（500文字程度）

「曲の触感を全身で感じられる新しい音楽体感デバイス」を提案する。これよりユーザは「触覚による感動的な音楽鑑賞」を体験できる。主なターゲットユーザは聴覚障害者だが、健常者に対しても音楽鑑賞体験の拡張が期待できる。

既に業界では、聴覚障害者も音楽鑑賞できるように、MVに歌詞や音を可視化する取り組みが行われているが、音楽を楽しむ重要な要素と言われるリズム把握に直接繋がらない。また、リモコンのようなデバイスを活用して音楽に振動＝触覚を付加することで、聴覚障害者・健常者共に“楽しい”や“興奮”などの印象評価の点数が向上するという感性工学の研究もある。よって、触覚によるリズム把握が音楽鑑賞をより感動的に進化できると考える。

これを実現するためにも、デバイスから全身に曲の触覚を与える技術や音の違いを正確に抽出して触覚に反映させる技術が必要になる。SONYの高いヒューマンインタラクション技術や音源分離技術ならば近い将来実現が可能だと思う。また、音楽コンテンツを豊富に持つSONYだからこそ、高い影響力と信頼感を持って体験を訴求できると思う。“音を持ち運ぶ文化”を作ったSONYが“音に触れる文化”を作り出し再び音楽体験を進化させる開拓者になるべきではないか。

モノづくりへの関心の高さが伝わるので、メーカー業界への志望度の高さが伝わってくる。

マーケットが限定的であることを理解している記述がとても良い。健常者への拡張方法がもう一歩言及されているとより良くなる。

その会社でなければいけない理由もとても明確だ。志望度の高さが伝わってくる。

自分の挑戦したいことを、会社の歴史や未来とともに語れていることは素晴らしい。

コース別設問2
プロダクト&サービスプランニングコースが第一希望の方のみ回答してください。

現在もっとも注目しているプロダクトやサービス、アプリケーション、またはビジネスモデルについて理由も含めて、記述してください。(400文字以内)

　世界初のスマートフットウェアのプラットフォーム「ORPHE TRACK」に注目している。困難と思われた“靴の IoT 化”を実現し、アスリートの QOL 向上に貢献できると考えたからだ。
　靴から取得できるデータは非常に多く、足の動きを正確にセンシングすることでアスリートのパフォーマンス向上はもちろん、適切なフォームでの練習が可能になり怪我の防止につなげることができる。しかし、ユーザによってフィットする形状とデザインの趣味思考が違う、靴の取り替えの際にデータの引き継ぎが困難という問題から、“靴の IoT 化”は難しいのが現状であった。
「ORPHE TRACK」は内蔵デバイスと靴のデザインを分離することで“靴の IoT 化”を実現し、データの引き継ぎが容易なデザインと高いセンシング技術の両立を実現した。今後、様々なメーカと連携してビジネス拡大と“靴の IoT 化”の普及を進めていく予定であり、怪我なくパフォーマンスを向上できるアスリートが増えていくと確信している。

ORPHE TRACK の説明に文字数の大部分が割かれているのがもったいない。もっと自分自身の考えの記載量を増やして PR したいところだ。

学生時代の取り組みについて（必須）
これまでの学生生活であなたが力をいれて取り組んだこと、
もしくは、現在力を入れて取り組んでいることについて記述してください（400文字以内）
※記述いただく内容は、学業でも学業以外でもどちらでも構いません。
※企業との共同研究など、機密事項がある際はそれに触れない範囲で記述してください。

大学院の研究で“盲人マラソン”の伴走体験を支援するデバイスの開発を行っている。視覚障害者と健常者が二人一組となって走る“盲人マラソン”は、初対面同士の伴走や体格差がある人同士の伴走が珍しくなく、快適なランニングが実現できないという課題があった。そこで振動を用いてお互いの足を蹴り出すタイミングを把握させ、どんなペアでも快適なランニング体験が得られる足のサポーターを開発した。
開発の過程で、盲人マラソンの練習会に何度も足を運んで自ら伴走を行い、目隠しをして視覚障害者の気持ちになり、本当に必要な機能を探ることを意識した。また、デバイス作成に必要な電子工作が全くできなかったため、知見がある先輩の研究を手伝いながら教えて頂いた。
完成したデバイスは「快適なだけでなく、疲労や不安感も軽減される」という意見を当事者から頂くことができた。現在もより沢山の人が簡単に盲人マラソンを楽しめるように改良を続けている。

課題とこの後に続く解決策へのアプローチが的確だ。困難にぶつかった際に、自分なりに問題解決をしていこうとする姿勢がとても素晴らしい。

自分で始めたことに徹底的にコミットする姿勢が伝わってくる。あとは「なぜこのプロジェクトに取り組もうと思ったのか」の「思い」の部分を説明するとさらに魅力が伝わる。

資格情報やスキルについて（必須）
TOEIC・TOEFLやその他語学資格、プログラミングスキル、その他お持ちの資格情報やスキルについて自由に記入してください。
記入事項がない方は「特になし」と記入してください。(200文字以内)

プログラミング言語：C, C++, Java, Python, HTML, CSS

Twitter
のエントリーシート

（文字制限なし）

1. インターンの志望動機

私が貴社のインターンを志望する理由は下記２点です。

(1) 「表現の自由を信じる」という理念に共感したから。私は、人は表現し、共鳴しあうことでその人の根本的欲求を満たし、その人が持つ可能性を拡げると信じています。そう思ったきっかけとして、サンフランシスコでの留学経験があります。コワーキングスペースを運営する会社でのインターンやテクノロジー関連のイベントに多数参加していたこともあり、多くの起業家や事業家に会う機会がありました。そこで各々のビジョンを赤裸々に語る人たち、それを全力で応援しようとする人たちを目の当たりにしました。そして私自身、そこに人が生きる最大の喜びがあるのではないかと感じるようになりました。自分が素直に感じた気持ちを大切にしようと決めたと同時に、全員が自分の思いに正直に生き、それを表現できる社会の実現に貢献したいと考えるようになりました。貴社はまさにそういった社会をソーシャルネットワークで実現しようとしており、私の思いが実現できるのではと感じ、今回インターンを志望しました。

(2) データを活用したオンライン広告に興味があるから。私は、アメリカのとある大学に日本の高校生を送るエージェント事業を行っていた経験があり、ソーシャルメディア広告を利用したプロモーションを担当していました。その中で、定量的根拠から仮説を立て、実行し効果測定を行うという一連のサイクルに面白さを見出すようになりました。特に、ターゲットに向けたアプローチが仮説通りにうまくいき、それが数字として現れた時はなんとも言えない喜びを得ました。そして実際に０から始まった事業が半年ほどで100万円の売上をあげた時には、優良コンテンツを、適切な人に届けることで、組織と顧客の両方を幸せにできることを、身をもって知り、やりがいを感じました。私は貴社のインターンでも、莫大なデータ量とリアルタイム性に富んだコンテンツからカスタマーインサイトを探り、適切な情報を提供することで、クライアントに貢献したいと考えます。

実際に、自分が起こした具体的なアクションはあるか。自分自身の行動を元に語る将来のビジョンの方が、他者の姿を見て感じたことを元に語るビジョンよりも力がある。

志望企業の業務に近い経験をしているので、とても説得力がある。実際にどのような仮説を立て、どうやって検証まで行っていたのか、ぜひ聞いてみたい。

【Twitterの企業文化は以下の10の「コアバリュー」】

・誇りを持てる方法でビジネスを成長させよう。
・情熱と人間性を大切にしよう。
・信頼を築くために、恐れずにコミュニケーションをとろう。
・ユーザーからの声に耳を傾け、尊重しよう。
・地球上のすべての人に届けよう。
・いろいろなアイデアを試し、革新させよう。
・さまざまな視点から考えよう。
・厳密に、そして正しく。
・シンプルに。
・公開しよう。

2. 上記10のTwitterコアバリューから、自分のこれまでの経験を通して共感できるものを1つ選択し、その理由をお聞かせください。

私は「様々な視点から考えよう」というバリューに深く共感します。それは、様々な視点を入れることで物事の本質的な部分が見え、目標を達成できたり、課題を解決したりできると考えるからです。それを感じた一例として、留学時に所属していたコンサルティング組織での活動があります。そこでは顧客データから課題発掘し、その解決に向けたマーケティング施策をクライアントに提供するというサービスをしていました。その中で、立ち上げ当初、結果が出ない日々が続きました。その大きな原因として、最優先に解決すべくボトルネックを把握していない、またそれに向けた解決策を十分に議論できていないという2点がありました。そこで（1）客観的にものごとをとらえ、全体像を意識すること（2）手段が目的に沿ったものになっているか随時確認すること（3）顧客データだけでなく、一次情報を手に入れることを意識しました。具体的には、売上を構成する要素を分解し、それぞれの課題を洗い出したり、顧客だけでなく、オペレーション側に潜む問題に目を向けたりしました。また顧客の生の情報を手にいれるために実際に店頭に立ったこともありました。最終的に、新規顧客の離反率が高いといった問題を指摘し、リターゲティング施策などを提案することで、3カ月で売上を150%増やすことに貢献しました。この経験から、ある目標を達成するには、それを構成する要素と手段を把握することが重要で、そのためにはあらゆる角度から物事を捉える必要があることを学びました。

困難とその後の解決策が嚙み合っているため、問題解決能力の高さが伝わってくる。

意識しているポイントがとても的確だ。一方で、他者の視点は入れることができたのだろうか。「様々な視点で考える」というテーマだけに、個人の努力だけでなく、他者を巻き込みながら多角的かつ本質的に課題解決した様子が見えるとなおよい。

三井住友銀行
のエントリーシート

◆学生時代に力を入れたことを教えてください。
※200文字以内

海外での国際ビジネスコンテストの運営チームのリーダーとして開催を成功させたことである。当初、私は文化の異なる運営メンバーと上手く意思疎通が図れず、チームに貢献できていなかった。そこで私は、コンテストに対する意見をメンバーに伝えフィードバックを何度も貰うことに努めた。結果、メンバーとも信頼関係を築き、チームに貢献できるようになった。また、過去最高の参加者満足度も記録できた。

少ない文字数で、しっかりと「困難」と「乗り越えるプロセス」が記載されていて、がんばりが伝わってくる。

内容と結果のつながりについて、論理的に説明できる準備をしておきたい。

◆インターンシップへの申し込み動機を教えてください。
※200文字以内

金融に対する自分自身の知識不足を痛感したからである。特に銀行業は、日常に最も身近な存在であると同時に、社会へのインパクトも大きいため学びを深めたいと考えている。また最近では、IT を活用した金融サービスの提供といった取り組み等に対しても、自身の中で関心が高まっている。その中でも、メガバンクならではの規模感を肌で感じ、社会における銀行の本質的な役割と、銀行と個人・企業の関わり方を学びたいと考えている。

1行目で「○○な知識を得たいと思っているからだ」と言い切りたい。本文中に得たい知識の記載があるため、文章で1番インパクトを与える1行目でしっかりと目的意識を書いておきたいところだ。

業界を志望する理由、企業を志望する理由が段階的に簡潔に書かれている。

三井物産
のエントリーシート

「挑戦する」とは何かを自分の言葉で説明してください。（30文字以内）

自分や他者、ひいては世界に存在する不可能性に立ち向かう事

自分が使う言葉の定義づけは非常に大事なので習慣化しておくとよい。

上記を裏付ける実体験を説明してください。（200文字以内）

大学３年次の夏、エチオピアの水汚染を解決するプロジェクトをゼロから立ち上げました。エチオピアは、当初の想定を超えて過酷な環境でした。しかし私は、自分だけは絶対にあきらめないという強い信念を持ち、エチオピア人・中国人・日本人の20人の混成チームをリーダーとして率いました。結果として、エチオピア行政の認可と協力を得ることができ、3000人の水汚染に苦しむエチオピア人に100個の浄水器を届けました。

多様性の中でリーダーシップを発揮した経験は商社パーソンとして求められる力だ。評価される。

どのように過酷な環境だったのか。具体的に書いてあると、このプロジェクトの難しさがより伝わる。

**あなたがインターンシップで得たいもの、そしてあなたがインターンシップで周囲に提供できる価値は何ですか。
（200文字以内）**

私が貴社のインターンシップで得たいものは既存のリソースを組み合わせて新規事業を編み出していく楽しさと、私が貴社の社員として働いているイメージです。

私がインターンシップで周囲に提供できる価値は、どんなに困難な状況下でも決して諦めない粘り強さです。これまで参加した他企業のインターンでも、困難な状況下でチームにあきらめの雰囲気が漂った時にリーダーシップを発揮し、チームを入賞に導いてきました。

「楽しさ」という言葉で良いか。新規事業は苦労や難しさが伴う。新規事業に真剣に興味があるのであれば、もっと適切な言葉を探したいところだ。

「ビジネスを生み出したいと考えている」マインドが伝わってくる。商社志望者としては大切な価値観だ。

第7章

選考対策

インターンシップの面接対策

インターンシップの選考基準を本選考と「まったく変わらない」と回答した企業は33・8%。

インターン選考をESだけで終わらせずに面接もしてくる企業は、本選考と同じ本気度できみの能力や企業への入社意欲を見てくると考えていいだろう。

本章では絶対に押さえておきたい面接の重要ポイントをまとめた。それらを参考に、面接まできみの経験や考え、思いをスムーズに伝えられるように準備しよう。

インターンシップの面接でよく聞かれる質問

インターンの選考で面接を行う企業は多い。

企業は「採用候補の学生と出会える場」としてインターンを考えはじめている。そのため、少数精鋭でインターンを行い、その中から本選考で採用する学生を見極めたいのだ。なかには1時間の面接を3回実施するなど、インターン選考に力を入れている大手企業もある。

となると、面接で聞かれる質問は、本選考とあまり変わらない。

左のページによく聞かれる質問をまとめた。基本的にはESに書いたことを深掘りする質問が中心である。

これらの質問には、暗記していることを棒読みするのではなく、スムーズかつ堂々としゃべれるようにしておこう。また、面接慣れしていない学生は、どうしても長くしゃべってしまいがちだ。**30秒程度を目安に回答できるようにしておこう。**

面接前にこれだけは
回答を準備しておきたい質問集

●自己PR系の質問
・学生時代にがんばったことは何ですか
・自己PRをしてください
・強みについて教えてください
・大学では何を勉強していますか

●志望動機系の質問
・なぜこの業界に興味を持ったのですか
・なぜ当社のインターンに参加しようと思ったのですか
・当社と(同業)他社の違いは何だと思いますか
・インターンを通してどのように成長したいと思っていますか

●その他　頻出質問
・自分の弱みは何だと思いますか
・何か質問はありますか

それぞれに30秒以内で短く、
簡潔に答えられるようにしよう

「学生時代にがんばったこと」をどのように伝えるか

ESに書いたことを深掘りされる。その中でも特に突っ込まれるのは次の2点だ。

1 困難を乗り越えた方法

この困難を乗り越えるために、「どんな立場」で「どれだけの人数」の力を借りて「どんなアプローチ」で「どれくらいの期間」、「どれほどがんばり」「結果」はどうだったのかを簡潔に説明できるようにしておくこと。組織の中での立場、影響力、課題解決能力、努力量などに、採用担当者は注目している。

2 その中から何を学んだのか

この経験からきみが何を学んだのか。そして、学んだことが「現在の何に活きているのか」を伝えよう。きみが困難から学んだことをほかの場面でも応用できることを伝える。可能であれば、志望している会社の現場でどう活かせるかを考えてみよう。

「学生時代にがんばったこと」の中で、採用担当者はこの2点に注目している

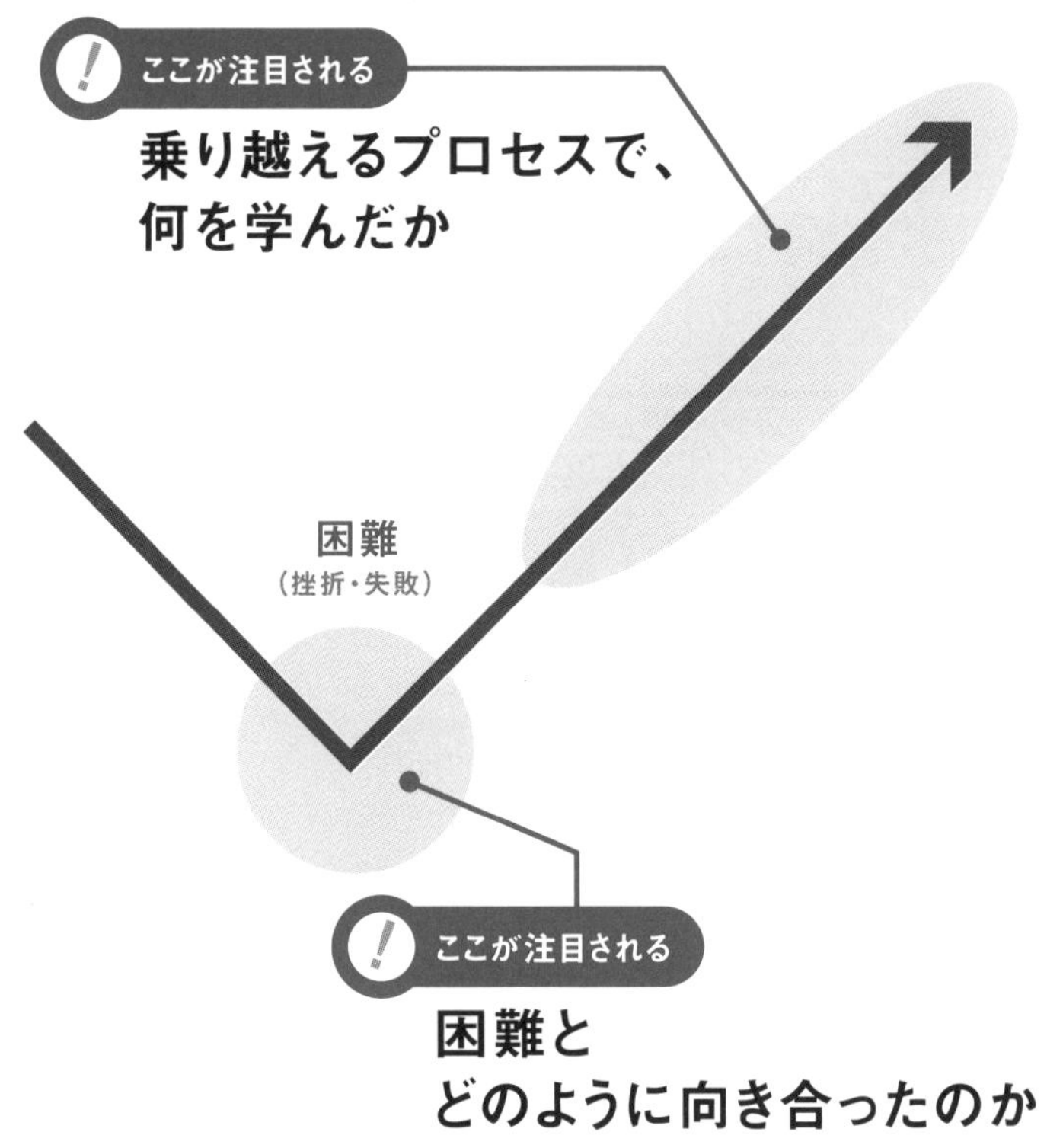

1.困難とどのように向き合ったか
2.乗り越えるプロセスで、何を学んだか

「志望動機」をどのように伝えるか

ESでは文字数制限があり伝えきれなかった内容を、面接で詳しく伝えるケースが多い。次の2点について、面接官の想定質問を挙げておく。簡潔に答えられるよう準備しよう。

1　なぜその業界や企業に興味を持ったか

・志望するきっかけとなった「経験」の詳細と、志望に至る経緯
・その業界や企業で成し遂げたい「夢（やりたいこと）」は何か
・そのために、将来どんな仕事に取り組んでみたいのか

2　インターンに参加することによって、何を知り、経験したいか

・将来取り組みたい仕事の「どの部分」を、インターンで確認したいのか
・インターンを通して、何に挑戦し、どのように成長したいのか

「志望動機」の中で、採用担当者はこの2点に注目している

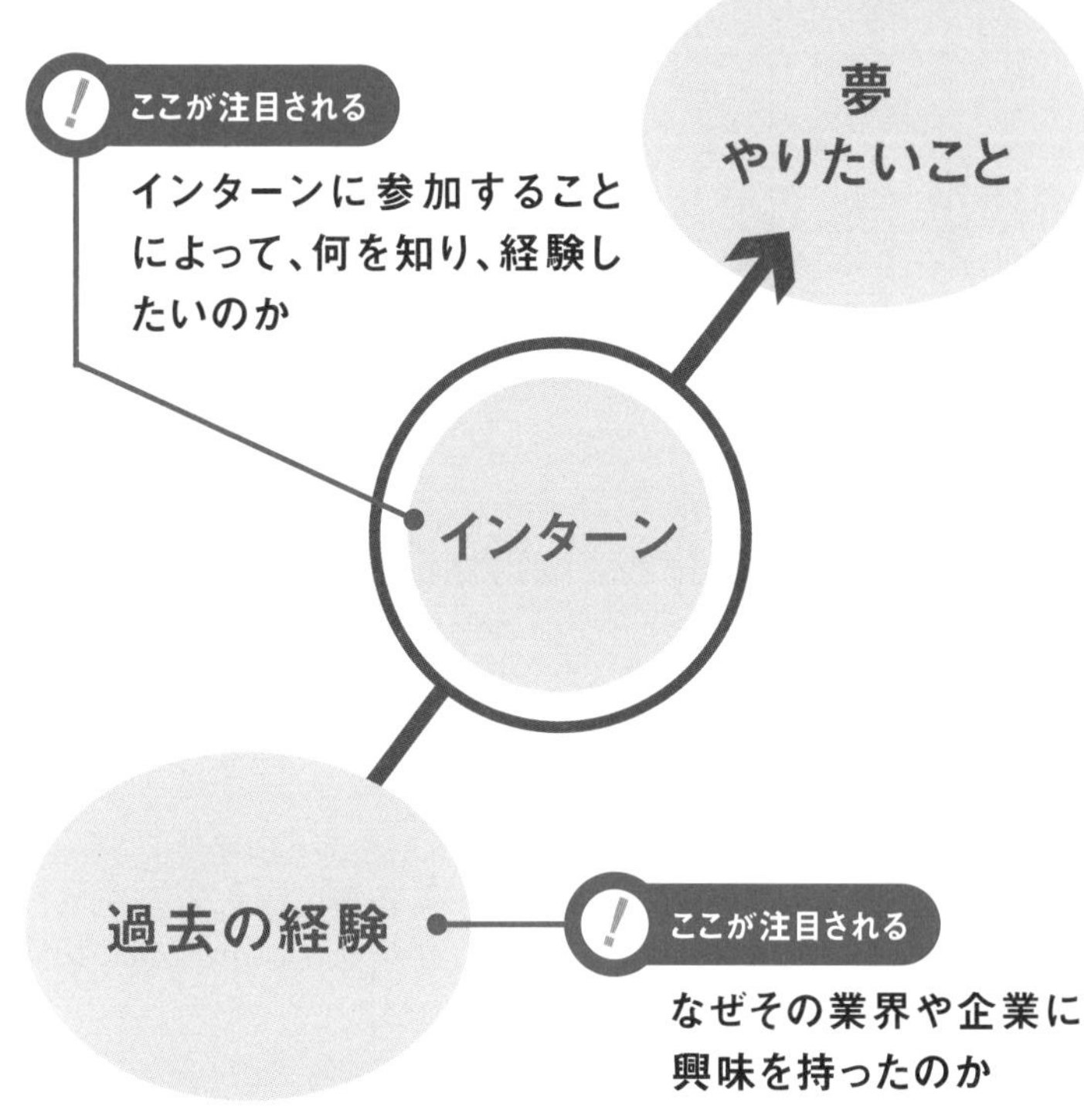

1. なぜその業界や企業に興味を持ったのか
2. インターンに参加することによって、
   何を知り、経験したいのか

「自己ＰＲ」で何を伝えるか

「学生時代にがんばったこと」は「大学時代」のことをメインに話すが、自己ＰＲは幼少期からの生い立ちを話すことが多い。**価値観や強みは、一朝一夕に生まれるものではなく、その人の今日までの人生で育まれるもの**だからだ。

このように自己ＰＲでは、自分が大切にしてきた価値観や強みについて語る人がほとんどだ。面接官にアピールする際に、価値観と強みを、しっかり説明できるようにしておきたい。ポイントを解説しよう。

価値観をアピールする際のポイント

価値観とは、例えば「『チームで勝つこと』を大切にしてきました」「自分で決めること、決めたら責任を持って最後までやり抜くことを、モットーにしてきました」などだ。その内容から、きみの人間性が評価される。次の項目について、説明できるようにしておきたい。

- **きみが大切にしてきた価値観やモットーは何か**
- **それを育んだ経験や環境はどのようなものか**
- **それを大切にしたことによって、どんな経験や成果を手にしてきたのか**
- **それは社会人としてどのように活かしていけると思っているのか**

強みをアピールする際のポイント

価値観の説明とほぼ同じだ。次の項目を説明できるようにしておこう。

- **どんな強みを持っているか**
- **その強みが育まれたのは、今までのどんな経験や環境からか**
- **その強みによって、どんな経験や成果を手にしてきたか**
- **それは社会人として、（志望する企業の中で）どう活きると思っているか**

価値観や強みを分析するときに有効な方法があるので紹介しよう。

それは**「経験」よりも「環境」にフォーカスする**ことだ。

例えば、きみの強みが「複数の人の意見を調整できること」だとしよう。

それを証明するエピソードとして「サークルの会議で意見が割れたときに、自分が間に立って意見調整をした（経験）」と説明するのもいいが、「中高一貫校で、学内行事が盛んだった。その中でリーダーを務めることが多く、常に多様な意見をまとめる機会があった。そのため、いろんな人の意見に耳を傾けながら、いい着地点を見つけるのが得意になった（環境）」のほうが説得力がある。

環境とは大量の経験の集合だ。

人は環境ベースで話をされると意識的にも無意識的にも、「同様の経験を大量にしたんだろうな」と考える。つまり、そこで育まれた能力が確かなものだと納得してくれるのだ。

きみが「一度始めたら絶対に続けること」と両親にいつも言われる家庭（環境）で育ったら、その能力や価値観が育つだろう。おそらく、何百回と両親に同様のことを言われたはずだから。

能力もキャラクターも、家庭の経済力も様々な人が集まる学校（教育環境）で育ったら「多様性を受け入れる力」が育つかもしれない。学校で毎日のように「違い」に触れたはずだから。

分析するべき環境は次3つだ。

- **家庭環境（親の性格や職業など）**
- **教育環境（共学、男子校・女子校、私立・公立など）**
- **地域環境（どんなエリアで育ったか）**

これらに注目しながら自分の能力や価値観を分析すると、伝えるべきことが見えてくるだろう。

「弱み」について何を伝えるか

「あなたの弱みは何ですか？」この質問は面接で非常によく聞かれる。アピールすることが求められる選考の場で、自分の弱さを伝えなければいけない。正直、聞かれたくない質問だろう。

「がんばりすぎることです」「相手を思いやりすぎることです」のように、**自分の強みとも取れる言葉を「すぎることです」と付け加えて語ろうとする学生がいるがおすすめしない。**

弱みを聞くのはきみの向上心を確認したいからだ。

企業は、きみが自分の弱みと向き合い、自分を向上させていく姿勢を持っているかどうかを見ている。

これから始まる社会人生活ではチャレンジの数だけ自分の能力不足と向き合うことになる。誰だってそうだ。だからこそ、自分の至らなさから目をそらさない人間かをチェックしたいのだ。ごまかしたような話をしてしまっては逆効果だろう。

伝えるべきポイントは、次の2点だ。

1 今、自分の「どこを直さなければいけないと自覚している」か=問題意識

2 それを「どのような方法で乗り越えようとしている」か=向上心

弱みを持たない人などいない。むしろ、複数持っているのが普通だろう。

「僕（私）は、今、この部分と真剣に向き合っています」と、しっかりと面接官に伝えよう。

注意 ただし、あまりに社会人として微妙な弱みは控えよう。例えば「時間を守れない」「やるべきタスクを忘れる」「先延ばしグセがある」などだ。

「学業」について何を伝えるか

学業への取り組みについて聞いてくる企業が年々増えている。きみが勉強で力を入れているテーマを聞くことで、次のようなポイントを見ている。

・その勉強のテーマ（ゼミ）を選んだ理由→その企業のビジネスとの関連性
・どのような切り口や手法で勉強や論文作成を行っているのか→頭のよさ、賢さ
・ゼミの中での役割→個人プレーとチームプレーのバランス
・論文などの成果（教授などからの評価）→頭のよさ、勉強に取り組む姿勢

きみが大学1・2年生の場合は**ゼミは志望業界とのつながりを意識しながら選びたい**。

ゼミ選びがすでに終わっていて、志望業界に関係ない分野を選んでしまった人、あるいは教育学

部や文学部などに在籍しそもそも学んでいる内容がビジネスから離れている人もいるだろう。その場合、「この学生は、ビジネスや当社の事業に本当に興味があるのだろうか」と懸念される可能性がある（実際、僕の経験上も教育学部や文学部の学生は、経済学部や商学部の学生と比べてビジネスに興味がない学生が多い。採用担当者の懸念は、傾向としては当たっている）。

そういう人は、次のような学びに挑戦して、志望業界への興味関心の強さを伝えたい。

・なるべく志望業界に近い科目を履修して業務理解を深める
・卒論のテーマをなるべく志望業界に近いものにする
・課外活動で志望業界に近い活動をする
　例：勉強会に入る、資格をとる、ボランティアに参加するなど
・志望業界の企業でインターンに参加する
・志望業界に関係するビジネスプランコンテストに参加する

きみが志望業界を心から目指すのであれば、大学や学外の学びが将来につながるのは純粋に楽しく感じるもの。挙げた例を参考に、今からでも挑戦できることを始めてみよう。

「何か質問はありますか?」で何を聞くか

面接の最後で聞かれる定番の質問だ。逆質問とも呼ばれ、この時間を長めに（30〜60分）とっている企業もある。また、面接時間の半分をこの質問に費やす企業もある。

なぜか。それは、**「質問の中身で志望度がわかる」**からだ。

業界研究や企業研究をどれだけやってからインターンの選考に来ているかがすぐにわかる。「ネットで少し調べればわかる質問」「インターン募集ページに書いてある質問」などをすると、その程度しか興味がない、つまり「志望度が低い」学生だと思われてしまうのだ。

業界研究を効率的に進めるための2ステップを紹介しておく。

これらを進めた上で出てくる疑問をノートにメモしておくこと。**質問の数と質が、きみの志望度の高さ**だ。

ステップ1 企業に関して知りたい点、疑問に思っている点をノートに書き出す。このときに「企業」「事業部」「職種」「社風」の切り口で考える。

・**企業**：経営戦略や最近見たニュースに関して、自分が思う同業他社との違い
・**事業部**：志望している事業部の今後の商品戦略や、重点エリアの戦略、課題
・**職種**：求める人物像、自分の強みが活きると思っている部分と不安な部分
・**社風**：若手の裁量、事業部間の連携、社員が大切にしている考え方など

この事前準備を行うと、目的意識を持った情報収集ができるので、効率よく研究が進む。

ステップ2 左記の方法を参考に、業界研究を納得いくまで進める。

・**IR情報をチェックする**
企業が株主向けに公開している情報だ。経営戦略なども知ることができる。
・**商品やサービスを使う（BtoCメーカーは特に）**
なじみのない商品も使ってみる。家電などで高価な場合も、お店に行って触ってみる。
・**現地に足を運ぶ（デベロッパー、ゼネコンや商社は特に）**

見て自分なりに「よかった点」と「改善点や問題点」をまとめる。「感動した」だけでは、一般人の目線だ。就職しようとしているのであれば、どのように利益をあげるか、価値提供していくかなど、企業側の視点が欲しい。

・転職サイトをチェックする

新卒サイトとは違った、企業の一面が紹介されている。学生でも閲覧可能な情報は確認を。

・社会人訪問に力を入れる

年齢、部署、役職によって見えているものが異なる。幅広く会いにいくこと。「気楽だから」という理由で若手ばかりと会わない。お会いした人と仲良くなる力も養ってほしい。人間的な魅力を磨く努力をしよう。

COLUMN

正答率85ポイントアップ！ R君の筆記・適性試験対策

いつ・どんなときに始めたのか

夏インターンの選考に先立ち、大学3年生の春に『史上最強　SPI&テストセンター超実践問題集』（オフィス海・著　ナツメ社刊）の、当時の最新版、通称青本を解いてみた。「できた」実感は全体のわずか5％ほど。「このままでは、筆記試験のせいで就活に失敗する」と絶望を感じた。大学までずっと野球一筋。推薦で入学したこともあり、試験が苦手なのは明白だった。

どんな対策が有効だったか

青本はあくまで問題集なので解説を理解しきれず、この本から始めるのは難しいと判断。問題がやさしく、解説が丁寧な『これが本当のSPI3だ！』（SPIノートの会・編著　講談社刊）の最新版を使っていた。ほぼ毎日、2時間を確保し勉強し続け、ある程度慣れてきたら、青本に戻りひたすら何度も解いた。特に苦戦したのは非言語分野。理屈がわからないものは答えを暗記するほど繰り返した。

スコアはすぐに上がるものではない。大学3年生の12月までの半年間は成長した実感がなく、つらい時期をすごした。何度か実際のテストを経験してから、解ける自信がついた。それまで我慢して勉強を続けたのがよかった。

対策のポイント

仲間と協力し、弱点を補い合いながら一緒に取り組むこと。筆記試験が苦手な一方で、自己分析や企業研究は、他の人に比べて進んでいる自信があった（実際、ESで落ちたのは1社のみ）。そこで筆記試験が得意だが、自己分析で苦戦している仲間と、お互いの苦手を潰していった。筆記試験でつまずいている単元の解説をしてもらうかわりに、自分は自己分析のサポートをした。その結果、自分だけでは理解できない疑問を解消でき、対策は飛躍的に進んだ。お互いにギブアンドテイクの関係が築けたので仲間との関係も良好だった。

本選考の結果と得られたもの

テストセンター形式では、志望企業の選考をすべて通過。そのうち最難関とされる企業では、およそ90％の正答率を求められていたという。

仲間と対策を続けられたことも大きな収穫だった。1人で物事を進める方が何かと効率的と考えていた自分が変わったと思う。他者と関係を築くときに「自分が相手のためになにをしてあげられるか」と考え行動できるようになった。

第8章 選考対策 グループディスカッション（GD）対策

インターンシップではES提出や筆記・適性試験の後に、グループディスカッション（GD）を実施する企業がある。

インターンシップの時期は、ほかの学生もまだ経験が少なく慣れていない。早めに対策し、結果に結び付けられるようにしよう。

インターンシップの選考で頻繁に登場するグループディスカッション（GD）

グループディスカッションとは、「優秀な社員とはどんな社員か」「幸せの定義とは何か」など、**正解のないテーマについて4〜6人で議論する**というもの。

多くの場合、制限時間は30分程度。チームで結論を出し、代表者一人が発表する。

正解がないことを議論するため、ディスカッションが進むほど考えなければいけないポイントが次々と見つかる。**制限時間があるため学生は焦ってしまい、議論はどんどん混沌としていく。次第に学生たちの「素の状態」があらわになってくる。**そのため、企業は学生の人間性をしっかりと見ることができるのだ。

この後も繰り返し説明するように、GDの重要なポイントは「チーム全員の英知を結集して、最高の議論をする」ことだ。**協力が基本**。敵対することではない。**「全員受かる」**か**「全員落ちる」**かの、どちらかになるケースが多いと聞く。これを頭に入れて次のページに進もう。

実際に出された
グループディスカッションのテーマ

商社	正月のデパートの売り上げを上げるためにはどうしたらよいか
銀行	A、B、Cのうち、商業施設を作るための用地取得に適しているものはどれか ※同時に資料が配られる
保険	ラーメン店の海外進出の際に、損害保険会社としてできることは何か
コンサル	最新のIT技術を用いた 働きやすい環境を考えよ

※学生への調査を基に作成

業界に関係するテーマが出題される。
日頃から志望業界に関連するニュースを
チェックしておこう

GDには「役割」がある

次の4つの役割を決めてから開始すると、スムーズに議論が進む。

1 司会（ファシリテーター）

積極的に意見を述べつつ、周囲の意見をまとめる。しかも制限時間内で結論に導くことが求められる。難易度は高い。リーダーシップを発揮できるが、失敗すると全員の結果に影響してしまう。

2 書記

みんなの発言をメモする役割。このメモは最終発表の準備の際に、考えをまとめるのに役立つ。

3 タイムキーパー

時間を管理する役割。何にどれくらいの時間を割くかを議論の最初に全員で決定し、そのとおりに進行するように適切なタイミングでアラートする（声をかける）ことが求められる。

4 発言者

アイデア出しやアイデアを深掘りする。全員が意見を言いやすい雰囲気を作る、重要な役割。

GDの代表的な4つの役割

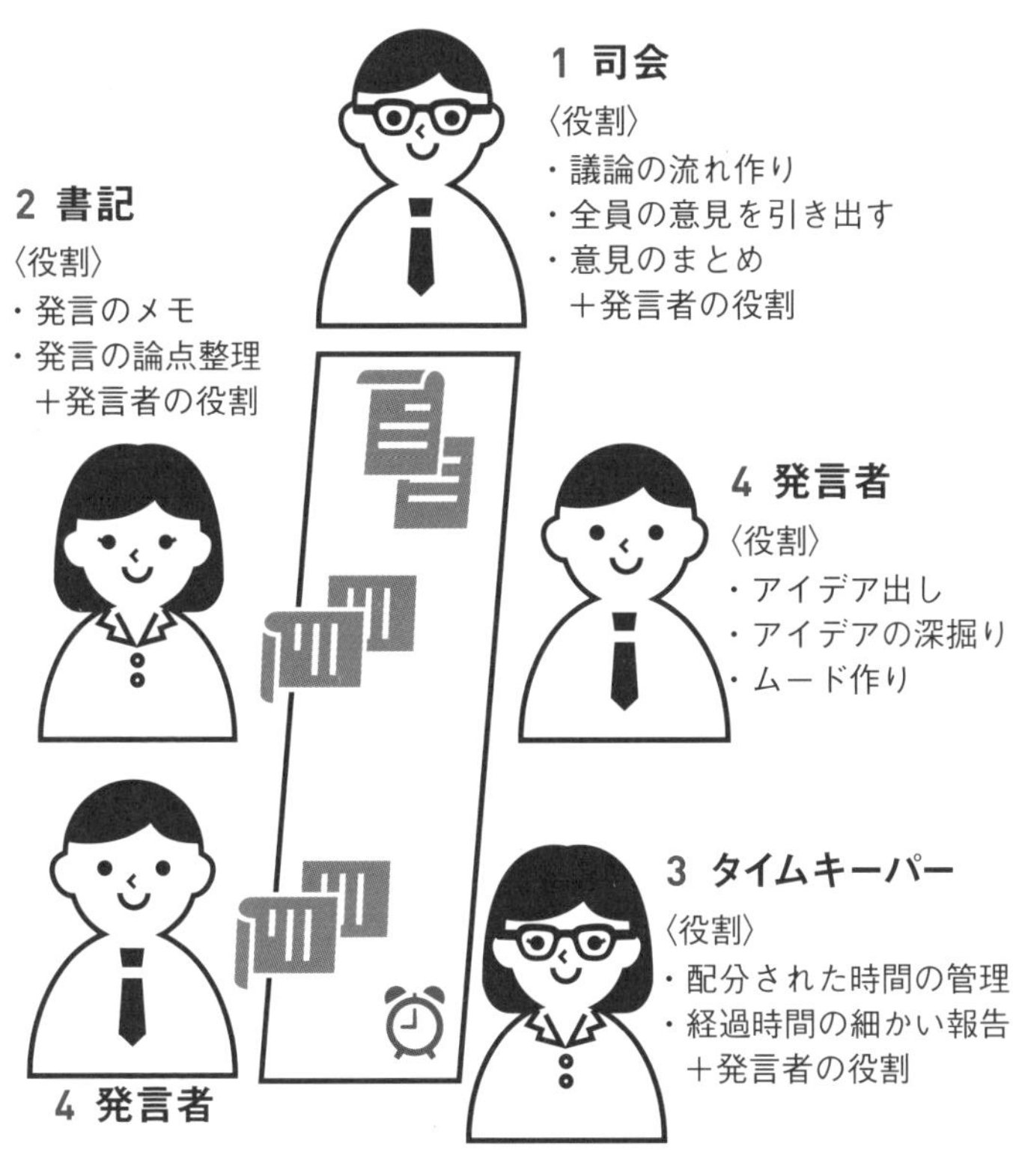

どれが有利ということはない。
自分が「貢献できる」得意な
ポジションに積極的に就く

GDの基本的な流れ

一般的な議論の流れを紹介しよう。

1 **役割の決定**：議論の最初に決定する。

2 **時間配分の決定**：制限時間内に、何の議論にどれだけ時間を使うかの決定。

3 **前提確認**：議論の目的や自分たちが誰（どんな立場）なのかを確認し合意する。

4 **定義付け**：出されたテーマのカギとなる言葉を定義する。例えば「優秀な社員とはどんな社員か」の場合、その企業にとっての優秀さとは何か。どのように判断されるのか。これによって、その後に議論するべき内容がまったく変わってくる。

5 **アイデア出し**：全員で行い、多くの意見をグループから集める。

6 **アイデアの「まとめ」**：アイデアの中から、発表するものを選定する。さらに議論が必要なものや、グルーピングできるものなどを選び、発表しやすいよう言語化や論理構築を進めていく。

7 **発表の準備**：発表担当者がスムーズに発表できるよう、全員で協力する。

グループディスカッションの流れ(30分の場合)

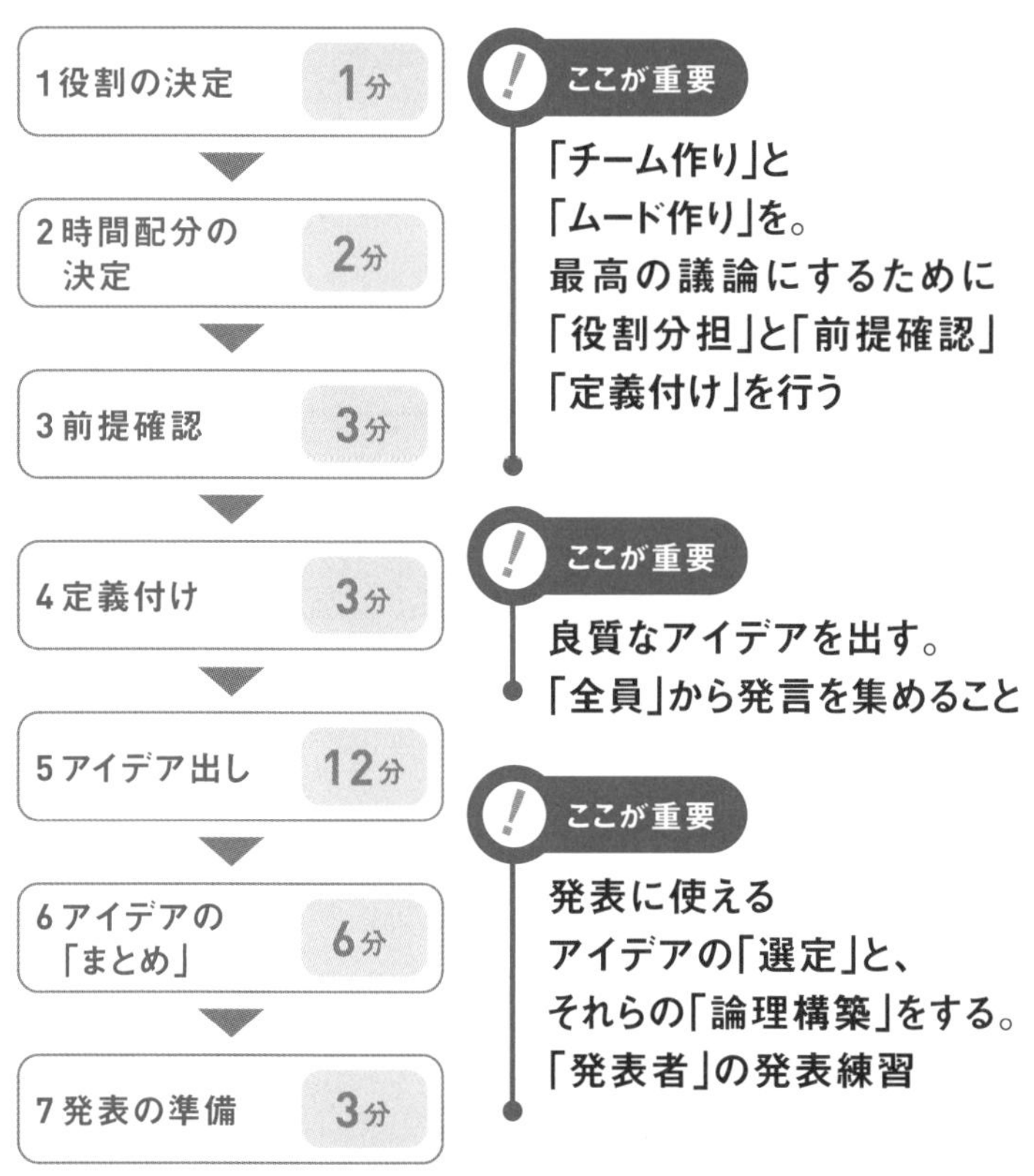

全員の英知を結集して「最高のムード」で
「最高の結論」を導き出すこと!

ここが評価されている。人事が見ている2つの能力

GDでは「個人の能力」と「チームプレーの能力（対人能力）」が見られている。

個人の能力とは、「論理性」「思考力」「知識」「議論を展開する力（構成する力）」のことだ。

次のポイントで評価されている。

・独自の切り口でアイデアを出せるか。引き出しの多さを感じさせられるか
・議論の論点をとらえて流れを作るような意見や提案をしているか
・議論の矛盾点に気づくことができるか

チームプレーの能力（対人能力）とは、全員でGDを通過することを目指す力のことだ。

「リーダーシップ」「フォロワーシップ」「傾聴力」「対人関係力」「他者を活かす力」「盛り上げ力」があるかを見られている。次の行動ができているかを、GD中にチェックされている。

・その場の議論を引っ張ろうとする姿勢があるか。他者の意見にも反応できているか
・誰かが引っ張ろうとしているシーンでは、貢献することに徹することができているか
・「場を盛り上げる」など、短い時間で人間関係を構築できるか
・発言回数が少ない人に質問を振るなど「全員で協力する」意識があるか
・対立意見との調整ができているか。感情的にならないか

これがすべてではないが、これらのポイントできみの能力や人間性が見られている。「個人の能力」は育てるのに時間がかかるかもしれないが、「チームプレーの能力」は意識次第で今日から劇的に改善することができる。

また、これらの能力を身につけるためにも、サークルやアルバイト、ゼミなどの会議の場でもこれを意識すること。正解のないものに対して議論するという点で会議とGDは同じ。日々の会議で貢献度が高い人はGDで落ちないのだ。

オンラインではここもチェック グーグルドキュメントやワードなどのツールを使って、議事録作成や共有ができるのも重要なスキルだ。

GD参加中につねに意識してほしいこと

GDの重要なポイントは**「チーム全員の英知を結集して、最高の議論をする」**ことだ。

すでに伝えたとおり、協力が何よりも大切。敵対することはおすすめしない。

全員で協力し合っているチームは、議論の中身、雰囲気、結論、発表のすべてが質の高いものになる。結果的に、参加しているすべての人が優秀に見える。当然、「全員の選考通過」の可能性は高まる。

一方、敵対し合うとどうなるか。議論は停滞し、殺伐とした空気になる。結論は誰かが強引に決めたものになり、発表もその人の独りよがりなものになる。すべてのメンバーが自己中心的な人物に見えてしまい、選考に落ちる可能性が高まる。

協力し合うためにも、議論の各ポイントで意識しておくべきことをまとめておいた。個人の能力に自信がなくても、これを意識するだけでGDの通過率はまったく変わってくる。

GDで意識してほしいこと

議論の流れ	これを意識しよう
開始前	話しかける。仲良くなっておく。その後のGDの雰囲気がよくなる
1 役割の決定	役割には固執しない。どんな役割でもチームへの貢献を考える
2 時間配分の決定	議論の流れを意識して、タイムキーパーに管理をお願いする
3 前提確認	議論の目的や自分たちが何者かについて「全員」が一致するように
4 定義付け	「『全員』が意見を言えそう」な定義付けを行う。議論を活発にするカギだ
5 アイデア出し	仲間の意見を肯定する。盛り上げる。自分も短く、多く、発言する
6 アイデアの「まとめ」	論理性を重視する。主張の「盲点や矛盾」を「全員」で検討する
7 発表の準備	発表者が内容を整理できるように、「全員」で「全力」で応援する

「全員」で「協力」して結論に導くことを
強く意識しよう

・敵対しないためにはどうするか

では、敵対しないためにはどうすればいいか。誰かの意見を真っ向から否定しないことが大切だ。まずは、受け入れるようにする。

「○○さんの意見はそのとおりですね（肯定する）」そして「それに加えて、○○の観点で考えるとどうですか？（否定はせずに提案）」という流れで議論を進めていく。当たり前のように聞こえるかもしれないが、評価対象であるGDの最中はなかなかこれができない。無意識にお互いが意見をぶつけ合う「戦い」になってしまいがちだ。一旦相手の意見を受け止めることを習慣づけよう。

さらに、GDはムード作りも肝。そもそも険悪なムードになりづらいような空気を作っておくこと。控え室や待ち時間で事前に話しかけて仲良くなっておけるかも大切だ。自分からどんどん話しかけていこう。

また、誰かが意見を言うときは「いいね！」などと声をかけ、誰かの意見を否定しない空気を作り、ときにロジックが対立したとしても、感情の対立が生まれないようにしていこう。

オンラインGDでは、場の雰囲気づくりをいっそう心がけること。画面上ではお互いの表情が見えにくい。発言するときも、発言を聞くときも、表情や身振りは「普段の1・5倍」を意識しよう。特に表情は、真剣になればなるほど固く、暗くなりがち。常に口角をあげて明るい印象を維持し続けることを心がけよう。

GD当日に向けて準備してほしい3つのこと

1 情報収集をする

GDは、その業界に関係のあるテーマが出されることが多い。自分がチームに貢献できるようになるためにも、最低限のことは調べておきたい。

日々チェックしておくべきものは次の3つだ。

・業界のビジネスモデル（何をしてお金を稼いでいるのか）
・業界の直近のニュース
・業界のニュースで頻繁に出てくる専門用語

例えば「当社が海外進出するにあたり、最適な国はどこか」と出題された場合、これらの情報を持っているだけで、チームに貢献する情報やアイデアが出せることは、容易に想像できると思う。

また、過去に志望業界や企業で出されたGDのテーマを調べると、参考になるだろう。

2 場数を踏む

「議論に参加できる場所」に身を置こう。

次に挙げる場はGDに近い状況が頻繁に発生する。きみの成長のためにも価値のある場だ。自分に残された時間と、それぞれの活動内容を理解した上で、興味のあるものには参加しよう。

・同業界を志望する友人と、志望業界のニュースについて「なぜこの意思決定をしたのか」「なぜこのビジネスに参入したのか」など、毎日議論する
・「Goodfind」のGDセミナーなど優秀な学生が集まるセミナーに参加し、揉まれる。さらにセミナーで議論を上手に仕切っている学生の議論の進め方を別の場で真似する。セミナー終了後に意識していることを聞く
・サークルやアルバイトのミーティングで議論を引っ張り、結論に導く
・ビジネスプランコンテストに参加し議論を引っ張る

GDは通る人はいつも通るし、落ちる人はいつも落ちる。これは、その人が積み重ねてきた「議論の経験数」と関係している。つまり、場数が重要なのだ。

3 意識を変える

GDが得意な人の共通点を挙げておく。

まずは、この2点を意識しながら議論に参加してみよう。自然とGD通過率が上がるはずだ。

①話すこと以上に、聞くことに意識を向ける

GDが得意な人は、ほかのメンバーが発言しているときの姿勢も素晴らしい。

具体的には、次のようなことを意識しよう。**「相手のほうを向き、目を見て話を聞く」「適度に相づちを打つ」「前のめりの姿勢で聞く」「人の意見に肯定的な反応をする」「対立する意見も素直に聞く」**

②常に自分が議論を引っ張るという意識を持つ

議論の際に次のことを意識しよう。気づいたらGDが得意になっているはずだ。

「発言の回数を増やす」「進行役を買って出る」「対立意見を調整する」「議論が脇道にそれたら軌道修正する」「行き詰まった際に突破口を開くアイデアを発信する」「場の空気を明るくする」

また、常にタイムキーパーや発表者は自分がやると決めて臨もう。大局観を持って議論に貢献することができる。

GDに向けて準備してほしい
3つのこと

1
情報収集する

・業界のビジネスモデルを理解
・ニュースを読む
・専門用語を調べる

2
場数を踏む

・ディベートの授業
・サークル、アルバイトなどのミーティング
・ビジネスプランコンテスト
・GDセミナー

3
意識を変える

・聞くことに意識を向ける
・議論を引っ張るという意識を持つ

**日々の積み重ねでGDはうまくなる。
今日からこの3点を実践しよう**

第9章 インターンシップ中のグループワーク（GW）で意識するべきこと

5days以上の期間のインターンシップでは、グループワーク（GW）が実施されることがほとんどだ。
この取り組み方によっては、
選考が優遇される可能性がグッと高まる。
何を大切にすればよいのかを、この章で解説したい。

インターンシップで行われるグループワーク（GW）とは

数日間にわたるインターンシップで実施されるGW。代表的な流れは左図のとおりだ。テーマは、学生生活では考えたことがないようなものが多い。最終日にプレゼンを行う。

実際に企業のインターンで出題されたGWのテーマ

・「3億円の予算を各部署に配分し、来年度の事業計画を立てよ」（サービス）
・「A社の売り上げを5年で3倍にするための経営戦略を立てよ」（コンサルティングファーム）
・「20代の女性に流行るアプリの新規事業を提案せよ」（IT）

考えるにあたって必要な書類が、初日に配られる。それを読み込んでから、参加者は議論をスタートする。インターン期間中に結論を出すには、かなりハードなテーマがあえて設定される。多くの学生は、期間中、自宅に課題を持ち帰り、情報収集やデータ分析にあたり、まさに不眠不休のような状態だ。

数日間だが、その企業で働くことの厳しさを疑似体験できる。

代表的なグループワークの流れ（3日間の場合）

1日目

テーマ発表＋資料配付

- ４～８人でチームが決定
- テーマ発表
- 参考資料配付（事業企画書や決算数字など）

2日目

中間発表＋社員からのアドバイス

- 途中経過を社員に報告
- 社員からフィードバック
- 最終プレゼンに向けて再検討と準備

3日目

最終発表

- 人事や部長、役員などにプレゼン
- 順位発表とフィードバック

**その企業で働く厳しさや、
必要な視点を学ぶことができる**

GW初日の重要性について

GWは3~5日にわたるものが主流だ。いずれも「初日」がいちばん大切。この日の時間の使い方を間違えると、2日目以降のワークの進行に大きな悪影響が生じる。ここでは、初日にするべき2つのポイントについて書いておこう。

ポイント1 全日程でやるべき「ToDoリスト」を初日に作る

GWが始まったらまずは「ゴール設定」をする。プレゼン資料の完成イメージを決めておこう。具体的には、①プレゼン資料のページ数、②各ページに入れる情報（グラフ、アンケート結果など）を決める。想定される質疑応答も事前に用意する（あくまで予測だが）。このように「やるべきこと」をリスト化したら、それぞれ「いつまでにやるか」を決めていくのだ。

ポイント2 メンバーの役割を決める

高いクオリティのアウトプットにするために、メンバーそれぞれが得意なことを引き受け、個性を発揮していることが望ましい。チームに最大限貢献できるよう、GWの主要な役割を書いておく。得意なことで活躍することは、チームへの貢献はもちろん、人事からの評価にもつながる。

・リーダー

全員の意見をまとめ、議論を前に進めていくことや、論点がずれていくのを修正する役割をする。また、全員が常に頭と手を動かしている状態でいるよう、まんべんなく意見を求めたり、作業の進捗を管理したりする。インターンは不眠不休の長丁場になることも多い。そのため、どうしても途中で息切れし、予定通りに動かない人が出てくるもの。そのためにも、ToDoリストを利用しながら、メンバーが予定通りに作業を進められるよう、リーダーが管理するのだ。

・アイデアパーソン

日頃から情報収集をしているため、最初に意見を言うことが多い。持っている情報量も多い上に、情報収集の効率も良い。議論に重要なアイデアを出せる人。様々な視点で物事を見ることもできるため、ほかのメンバーが気づいていない切り口を提案できる。素朴な疑問や「なぜそうなのか」を質問できる人。口数が少ないながらも、核心を突く意見が言える人もこのタイプだ。

・**資料作成担当**

処理能力が高い実務家で、エクセルでの作業やプレゼン資料の作成が得意。出てきたアイデアを表にまとめたり、計算したりすることが得意。プレゼンテーションを視覚的に見やすくすることも得意。出てきた情報を体系だててまとめる役割も果たす。

GWの主要な3つの役割を書いたが、いちばん重要なのは「ベストなアウトプットを出すために、徹底してチームに貢献すること」だ。自分にできることがないかを常に考え、主体的に動こう。

くれぐれも受け身にならないように。「最初に自分から意見を言う」「自分から役割を探し『これをやりますね』と言う」「チームに足りないものを探して、埋めにいく」「笑顔を心がける」「やってもらったら『ありがとう』を必ず言う」「場を盛り上げる」ことが大切だ。

人事の声

「自分の貢献できる部分を常に探している学生を評価しています。GWだと、その場を仕切ることで目立とうとする学生が比較的多い。その中で、無理にその立場になろうとせずに、情報収集役や資料をまとめる役など、チームに貢献しようとする学生は、結果的にいちばん印象に残っていたように思います」（大手広告代理店・人事）

グループワークの初日にすべきこと

1. **メンバーの役割を決める**

「リーダー」「アイデアパーソン」「資料作成担当」など、メンバーの特性を活かして役割を決める

2. **プレゼン資料の完成イメージを決める**

①プレゼン資料のページ数、②各ページに入れる情報（グラフ、アンケート結果など）を決める

3. **ToDoリストを作る**

情報収集やまとめにかかる時間を想定し、
逆算してスケジュールを作成しToDoリストを作る。
プレゼン資料から想定される「つっこみ」への対応（質疑応答）も箇条書きで出しておく

全日程でやるべき「ToDoリスト」を初日に作るのだ

人事はGWで何を見ているのか

どんな学生がGWで評価されるのか。人事に聞いたところ、次の3点に集約される。

1 成長性

インターンの「参加中」にどれだけ成長することができるのか。難解な課題が出されるため、すべての学生は、現在の能力や知識では歯が立たないことを知る。**その壁をどのように乗り越え、何を学ぶのかを見ている**。参加後に「何を学んだのか」についてレポート提出を求める企業もある。

2 積極性

「受け身」ではなく「主体性」がどれだけあるか。成長や貢献に対する貪欲さがどれだけあるか。

3 かわいげ（人としてのチャーミングさ）

そもそも印象として「気持ちのいい人」か。あいさつや笑顔、がんばる姿など、ついつい応援したくなるタイプか。きみを数日かけてじっくり見てもらえる分、きみにこの素質が備わっていれば、相当なアピールになる。そして「一緒に働きたい」と思ってもらえるだろう。

人事から見た「優秀な学生」とは

成長性	・対立する意見を受け入れることができる ・参加中に欠点を修正できる ・納得いくまで仕事をやりきる
積極性	・発言回数が多い ・質問回数が多い ・貢献を常に考え行動する
かわいげ	・あいさつ ・笑顔 ・声が大きい ・何事にも一生懸命

こういう学生は評価されない

自分だけ	・単なる目立ちたがり屋 ・非協力的 ・対立したときに譲らない ・自己PRばかり考えている
表裏がある	・学生だけで集まっているときと社員がいるときの態度が違う

「一緒に働きたい」と人事や担当者に思われる学生が「優秀な学生」なのだ

GWで評価される学生の傾向

「成長性」「積極性」に関して、求められる具体的な行動について、ここでは説明する。

ＧＷのよくある失敗に、

「ほかの参加者に圧倒されている間に『自分としては』一生懸命がんばったつもりだけど、たいした活躍もなく気づいたら終わっていた。『成長実感も評価もどちらも得られていない』気がする」

というものがある。心情的にはそういうケースがあるのも理解できる。

しかし、５ｄａｙｓなどのインターンを何社も受けることは日程的にも難しいはず。だとしたら、目の前のチャンスをものにすることが大切だ。

「当たり前」や「知っている」と思うものがあるかもしれないが、「できているか」を自問してみよう。そして、参加の前日、当日に見返してからインターンに挑もう。

人事から見た「成長性」が高い学生

インターン中に「成長性が高い」と評価される学生には次のような特徴がある。

□ 対立する意見を受け入れられる

議論に対して真剣であればあるほど、衝突が生まれる。これはとてもよいことだ。対立し合う意見をしっかりと吟味した上で、チームとしてベストな結論を選んでいけばいい。しかし、これが簡単ではない。これまで生きてきた環境や知識が違う人との、自分とまったく逆の発想や意見を受け入れるのは難しい。このときにどうするか。

- なるべく感情を排除する。客観的に自分の意見を見る。疑う
- 論理的に考えたときに、より有効な意見はどちらかを考える
- 相手の意見のほうが妥当だと思えば、快くその意見を採用する

全体の議論を有益なものにするために、自分の考えを柔軟に変えられるか。自分の考えに固執せ

ずに、多様な考えや価値観を取り入れる力がある人は、成長性が高いと見られる。

□ 参加中に自分を修正していける

グループワークをしていると、自分の足りない能力に気づくことがある。足りない部分にどれだけ気づけるか。そして修正していけるか。このスピードによって、きみの成長性を見られている。

例えば「視点」について。学生は「消費者」の視点で商品やサービスを見ている。お菓子であれば「おいしい」「パッケージがおもしろい」「CMが印象的」などだ。しかし、グループワーク中に求められるのは「企業側」の視点。「次に流行る食材や食感は何か」「パッケージでマーケティングに成功したのはなぜか」「顧客層に親和性が高いタレントやメディアは何か」といったものだ。これを切り替えて、どれだけの打つ手やアイデアを出せるようになるのか。**自分の能力不足に気づいたときに、自分で自分を変えていく力があるか**を見られている。

人事の声

「『やり抜く力』を見ています。『やる』と言ったことや、任されたタスクをどれだけやりきれるか。長丁場のGWでは、どうしても手を抜きたくなる瞬間が出てきます。そのとき、『もうひと踏ん張りできる人材』を評価しています」（外資系コンサルティングファーム・人事）

人事から見た「積極性」の高い学生

□ **成長することに貪欲である**

インターンを通して成長を志向している学生は、動き方がまったく違う。
インターンで成長と評価の両方を手にしている学生が意識しているのは、次のとおり。

・社員に徹底的に質問する（疑問をその日のうちにすべて解消する）
・周囲と打ち解け合う。優秀な学生は対立する傾向にあるが、高め合うことを優先する
・全体質問ですぐに手を挙げる。必要以上に空気を読まない。成長機会はすべて取りにいく
・大きな声で話す。存在感を出す（社員に覚えてもらえるとアドバイスももらいやすい）

このように動く人たちを、冷めた目で見る人がいる。意識が高いことをイジリたくなる人がいる。しかし、採用担当者や先輩社員たちは、いつだって成長に貪欲でやる気のある新人を待ってい

る。安心して全力でがんばろう。一流企業で、このスタンスで評価が得られないことはありえない。結果にフォーカスし、妙な空気に流されないようにしよう。

□ チームに貢献することを徹底している

ただ目立つために議論を仕切り、リーダーシップを発揮しようとする、目的を履き違えて浮いてしまう学生がいる。GDと同じで「自分だけ」が高評価を得ようとする学生は評価されない。チーム全体として素晴らしいパフォーマンスを発揮できるように努力が必要だ。評価の高い学生の共通点は次のとおり。

・自分にできることを考え、サポート的な役割も徹底的に行う（データ分析、発表資料作成など）
・有益な発言ができるように、情報収集をし、みんなと共有する
・学生だけで集まっているときこそ、チームを盛り上げようとする（人事の前以外でもいい人。最終日頃に、グループのメンバーから人望を集めているかどうかで、採用する側は人柄を大体見抜くと聞く）

採用担当者は学生が思っている以上によく見ている。一見目立たなくても、チームのためにできることを徹底している人は、結果的に「リーダーシップがある人」に見えるのだ。

いちばん大切なこと。最後まであきらめなかったか

この章の最後に、きみに伝えておきたいことがある。

それはGWの最後の最後まであきらめないこと、ベストを尽くすことを誓うこと。

もしかしたら、ここまで読んできみは「レベルの高いインターンはこわい」「通用しないかもしれない」と思っているかもしれない。

でも大丈夫。これを読んでいるきみなら、今の実力や実績に関係なくインターンをキッカケに成長することができるし、評価を得ることだってできる。

そのためにも、

・チームに貢献できることを必死で探す。手持ちぶさたにならない。常に仕事を取りにいく
・仲間に最初は受け入れられない（評価されない）ことがあってもめげない。ポジティブに発言し

たり提案したりする
・資料作成や情報収集などは時間ギリギリまで、「もう無理だ」と思ってから、改善点を探すなどもう少しだけがんばってみる
・自分が得意ではないことに出合ったときに逃げない。「どうしたらできるか」を考え、制限時間内に自分を修正する

ということを大切にしてほしい。

きみが思っている以上に、人はきみのことを見ているし、その姿勢を評価してくれる。

COLUMN

インターンシップでの出会いを、成長の機会にするために

インターンは出会いの場だ。そこでの出会いが、きみを大きく成長させることもある。その貴重な機会を自身の成長につなげるために、大切にしてほしいことを伝える。

・社員との交流

きみのメンター社員は、きみをどのように見ていたのだろうか。

休憩時間でも全体終了後のちょっとした時間でもいい、積極的に聞いてみよう。よい点だけでなく悪い点がどういうところだったかも必ず聞くこと。自分の成長ポイントを明確にしよう。

また、自分が志望している部署の社員がいたら、積極的に話しかけに行くこと。そのためにも、志望部署についての質問を事前に準備しておくこと。ちょっとしたチャンスを大切にしよう。

・GWの仲間との交流

GWを通してかなり仲良くなり、腹を割って話せる関係になっているはず。だからこそ、今回

の経験を「よい経験だった」で終わらせないこと。**ＧＷ中に自分はどう見えていたか、よかった点は何で、課題は何だと思っているか**をお互いにフィードバックし合う。できることならインターン中に飲み会（オンライン飲み会）を開催したい（時間がなければ終了後、早いうちに）。忙しくても実施し、本音で語ることが大切。そして、自分を修正していく。課題を克服していく。

こういった１つひとつのアクションが、きみを大きく成長させてくれる。

一見すると「そんなことか」と思うかもしれない。しかし、今まで就活生を１０００人見てきて、こういった小さい努力の差、微差を積み上げることが大差を生むことを、僕は実感している。

行きたい企業の内定につなげることはもちろんだが、それ以上に、インターンシップを通じて自身を成長させ、可能性を広げることが大事だと考える。

せっかくきみが手にした成長の機会。最大限に活かしていこう。

第10章

ベンチャー企業のインターンシップ（長期インターン）

国内の「長期インターン」といえばベンチャー企業が大半だ。第9章までは大手中心の話だった。この章ではベンチャーのインターンシップについて解説しよう。

ベンチャー企業の種類とインターンシップの特徴

一口に「ベンチャー企業」といっても定義が曖昧だ。事業規模の観点で見ても非常に幅がある。今まで学生と話してきて、大きく3つのカテゴリーに分けられると僕は考えている。「メガベンチャー」「成長中ベンチャー」「スタートアップベンチャー」だ。それぞれのインターンで中身も、得られるものも変わってくる。この章では、その種類と特徴を説明していこう。

1 「メガベンチャー」のインターンシップ

これはサイバーエージェント、楽天など、大手と変わらない規模に成長しているベンチャー企業を指す。インターンにかなり力を入れている。内定者の90%をインターン参加者から出す企業もある。開催時期もバラバラなので、興味のある企業の採用ページを、まめにチェックしよう。

特徴としては、業務体験型のプログラムがあること、その後の内定に強い結び付きがあることが挙げられる。参加するために選考がある。選考対策はここまで説明してきたものと同じだ。

参加者の声を聞くと、満足度が高い。実際にフロアに入り、ＰＣが支給される。新規事業企画をしたり、アプリ開発の企画段階からプロジェクトメンバーに加えてもらえたり、事業推進に向けて大量のデータ分析を依頼されたりする。「メガ」というだけあって、インターン中に触れる情報も、人の優秀さも、会議の緊張感も、学びに溢れている。平均年齢も若く、キラキラした先輩に憧れを抱く学生も多い。働くことがイメージしやすいのが特徴だ。

一方で、参加中に、きみも周りの社員に見られていることを覚えておこう。

「どんなにうまくいかなくても最後まであきらめない姿勢があるか」「厳しい指摘に対しても素直に耳を傾けることができるか」そもそも、「あいさつや報告、連絡、相談など、基本的なことができるか」などを見られる。これに関してはキラキラしているベンチャー企業でも大手と同じようなところが見られている。**規模が大きくなると、組織を円滑に進めるためにもそういったことが大切になるフェーズが来る**からだ。

2 「成長中ベンチャー」のインターンシップ

「メガ」とまではいかないが数十人〜数百人までの事業規模の企業がこれにあたる。

通年募集している企業が多い。

きみたちにとってはなじみのない企業が多いかもしれないが、これだけの規模であれば、きみたちが思う以上の社会的な影響力を持ち、貢献をしている。働いてみると大きなやりがいを感じることができるだろう。

特徴としては、**採用目的以上にきみたちを重要な戦力として期待している企業が多い**ことだ。参加するためには選考がある。「戦力」を求めているので選考の難易度は高い（細かい選考対策は、ここまで読んでもらったものと同じだ）。

得られるものは「社会で働くことの厳しさと楽しさ」「自分がしたい仕事のよいところと悪いところ」「成長している企業のスピード感」だ。また、がんばり切ることができれば「学生時代にがんばったと胸を張って言えること」を自分の中で持つこともできるだろう。

参加者に聞くと、実際に名刺を持たされ営業に出されたり、数百万円の予算を与えられネットマーケティング業務を行ったり、新規事業の立ち上げに向けて事業計画書を書いたりと、実践的な経験をしている。最低でも3カ月、週3日以上は続けてインターンを行う。全力で関わることが求められるのだ。そのため、アルバイトを辞めてこちらにシフトしている人が多い。

3 「スタートアップベンチャー」のインターンシップ

創業1～2年の企業がこれにあたる。社員数も10名以下のことが多い。場合によっては社長とインターン生だけのような企業もある。常に人手は足りていないので、通期で募集をしている。3つの種類の中で、いちばん経営者の近くで仕事ができることが魅力のひとつだろう。

特徴としては、「ゼロから何かを生み出すこと」を求められる。**受け入れ態勢は、ほぼゼロ。前例も経験者も、ルールも、人材もない中から「どうしたら社長のビジョンを実現できるか」をこれでもかと考えぬく**。自分なりの提案を、どんどんすることが求められる。

得られるものとしては「起業家マインド」がいちばんだ。自分の頭で考え、新たな価値を生み出していくことに挑戦したい人には向いている。同じような能力が求められる、商社や広告、コンサルを志望している人にとっては「ゼロから何かを生み出す」経験ができるので勉強になる部分が多いだろう。

こちらも長期のコミットを求められ、最低でも3カ月、週4日以上は続けて行う。実際の参加者の話を聞くと、いきなり会社の中心人物として活躍するため、自分も一緒に会社を経営しているような気持ちになるそうだ。

経営会議や企画会議など創業期の葛藤や壁、それを突破することの楽しさを経験できる。毎日新しい意思決定が行われ、新しい仕事が生まれる。それに対して自分もついていかなければいけない。最初の1カ月は、まったく貢献できないかもしれないが、次第に要領を得て貢献できるようになっていくと、仕事を任されるようになってくる。人数が少ない分、自分の存在意義を感じやすい。そのまま入社してしまうケースもある。

大手企業に近い「業務体験」をしたい人は、志望している業界内のメガベンチャーか成長中のベンチャーに参加するのが良いだろう。この2つは組織のサイズがある程度大きいため、営業や企画など部門が縦割りになっていることが多い。つまり、仕事の進め方が大手企業と似ている（スピード感や規模は当然異なるが）。そのため、自分が将来働く姿や、実際に取り組んだ仕事を通して適性を見極めやすいだろう。当然、組織規模が大きければ大きいほど、大手企業に近くなっていく。

一方で、スタートアップだと、一人で複数の業務を兼務するのは当たり前なので、よく言えば幅広い業務に携わることができる（悪く言えば煩雑だが）。将来起業を考えている学生は在学中にこちらのインターンを選ぶと良いだろう。

1、2、3いずれを選ぶとしても、興味のある業界や職種のものに応募することをおすすめする。**きみが仮に大手を志望していたとしても、業種や職種が同じであれば、仕事内容は似ている。**より深く現場を知ることで、これから始まる就職活動に向けて「本当にそれを仕事にしたいのか」「自分に適性があるのか」を明確にすることができる。

COLUMN

「長期インターン」を選ぶ際に気をつけてほしいこと

多くの就活生が成長を求めて長期インターンに参加している。

向上心にあふれる学生が、実際にベンチャー企業の成長のエンジンとなって活躍する姿をとても頼もしく思うし、実際にそこから得た自信や実績で人生を切り拓いていく学生も多く存在する。長期インターンは、人を成長させるとても素晴らしい機会だ。

しかし、例外もある。「得るものが少なかった……」と語る学生も一定数いるのが現実だ。きみの大学生活の多くの時間を費やす長期インターンで選択を誤れば、膨大な時間が無駄になってしまう。僕はそんな話を聞くたびに、とても残念な気持ちになる。

インターン選びに失敗しないためにすべきこと、それは、**インターンを通して得たい「成長」を定義づけること**だ。

・マーケティングの知識が得たい
・〇〇業界の営業を経験して志望企業にアピールできる自分になりたい

・事業開発のプロジェクトに参加させてもらい、0から1を生み出す経験をしたいなど、成長にもいろんな中身がある。

この定義づけ忘れている学生が長期インターン選びに失敗している。

例えば、コンサルティングファーム志望のM君。

志望業界を考えると、経験しておきたい経験は「思考力系」のインターンだ。

組織の課題を見つけて、解決に挑んだ経験がほしい。

しかしM君は思考力よりも「根性」が求められるインターンを選んでしまった。

会社からも「とにかく動け！　深く考えるよりも、まず飛び込みまくれ！」とお尻を叩かれながら、営業活動に力を入れてがんばった。確かに、とにかくがんばる姿勢は身についたし、断られることにも慣れたというのである種のストレス耐性はついたかもしれない。しかし、志望業界が求める経験ではない。最終的に就職活動でも結果を出すことができず、留年を選び我究館の門を叩いてきた。

「成長」や「裁量」など、向上心の強い学生にとって魅力的な言葉ほど、要注意だ。きみはどんな成長がしたいのか。どんな裁量を持って仕事をしてみたいのか。

その問いに答えてからインターン選びをはじめよう。

第11章 外資系コンサル・投資銀行のインターンシップ

意識、能力いずれも高い学生から今も人気がある、
外資系コンサルティングファームと投資銀行。
夏インターンの参加者から多くの内定者が出る。
僕はさまざまな理由から、現段階で外資に興味を
持っていない学生でもインターンシップを受けてみることをすすめている。
自分とは関係ないように感じている人も読んでみてほしい。

外資系コンサル・投資銀行の選考スケジュール

戦略コンサルなどの外資系コンサルと、投資銀行の夏インターンは3～7月に選考があり、8～9月頃に実施されるものが多い。この夏インターンに参加できると内定に近づくことができるため、志望度の高い学生が全力で受けにくる。**人柄も頭のよさも抜群の集団なので、一緒に選考を受けるだけで刺激を受ける**と多くの学生から聞く。

また、選考プロセスも、ES、筆記・適性試験、論述、ケース面接、GD、面接などの組み合わせになる。国内大手の本選考と同等かそれ以上の緊張感で開催される。

これを通過した学生は「○○企業の売り上げを○○年で3倍にせよ」「○○株式会社の5カ年経営計画を作れ」など、企業の経営戦略や成長戦略に関するテーマを題材にしたGWに参加できる。

ここで評価の高かった学生は秋以降の本選考に有利だ。

外資系コンサル・投資銀行の選考スケジュール

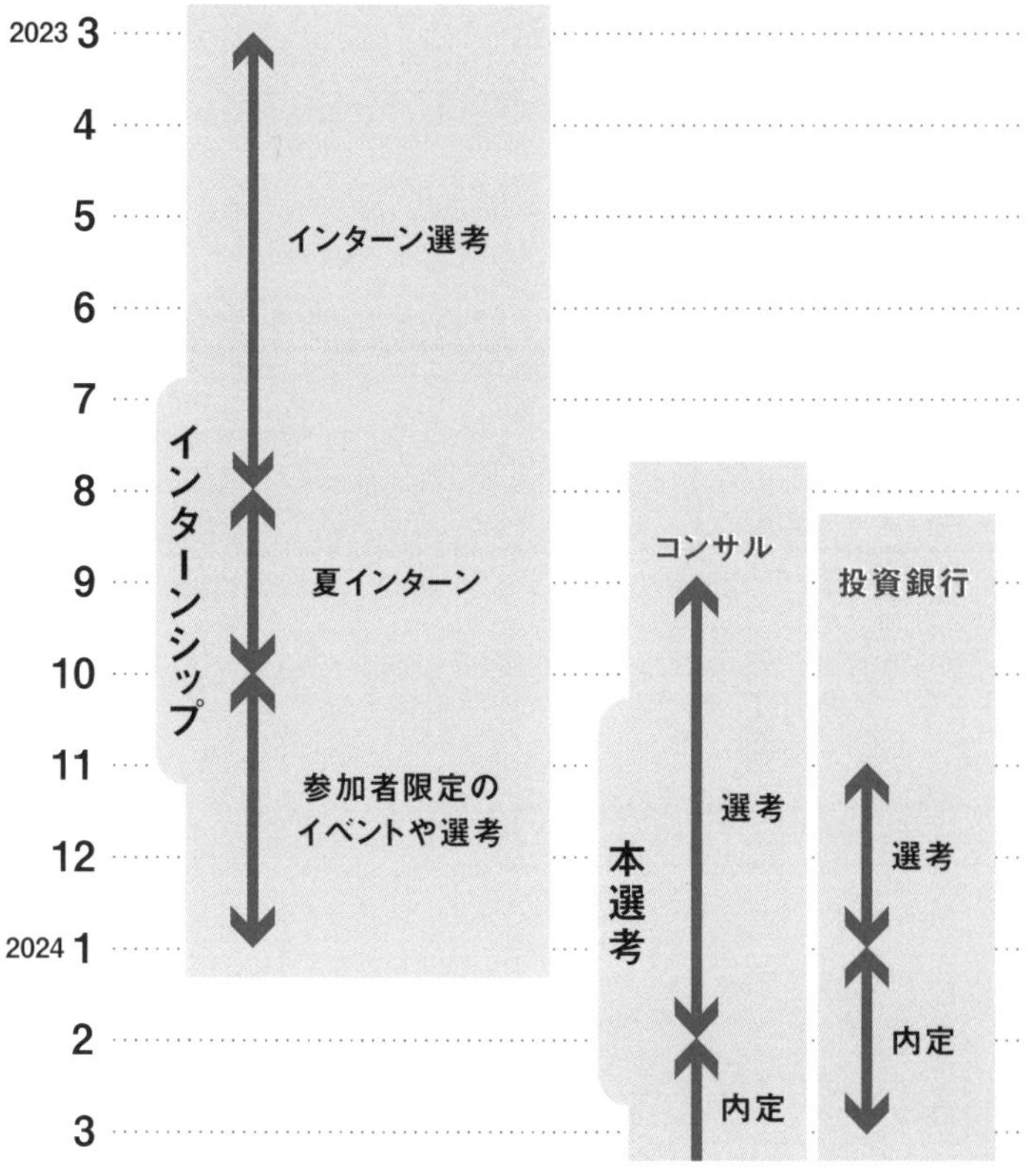

外資系コンサル・投資銀行のインターンシップに挑戦をおすすめする意外な学生

外資のコンサルと投資銀行を現段階で志望していない人の中で、僕が挑戦をおすすめしている学生たちがいる。それは次の3タイプの人たちだ。該当する場合は、本気で検討してみよう。

1　商社や広告を志望している人

意外かもしれないが、この業界を志望している人にはおすすめだ。仕事に対する価値観が似ている。**「個人が介在して大きなビジネスを動かすこと」や「組織の課題解決」という点において共通する**ものがある。仕事のやりがいや適性が近いので、興味を持って調べさえすれば未来の選択肢になる可能性大だ。近年では広告業界が企業のコンサル業務を担うことも多い。例えばメーカーがクライアントの場合、今までは企業が開発した商品のプロモーションを助けるために広告費をもらいビジネスをするだけだった。しかし、それだけではマーケットが広がらない。そのため、商品開発の段階からコンサルティングを行い、広告費に加えて「商品開発予算」にもビジネスチャンスを見出しているのだ。メーカーにとって、商品戦略は経営戦略にも関わる。そのため現場ではコンサルティングファームと広告代理店がコンペになることもある。そのくらい似たような事業を行っているのだ。

2 邦銀や日系コンサルを志望している人

邦銀志望者や日系コンサル志望者も、グローバルな仕事に目を向けている人が増えている。**実際に、近年ではメガバンクも採用の入り口にグローバルコースを設けている。**その意味では世界にネットワークを持つ外資系に挑戦するのは当然の流れだ。少しでも興味があるのであれば、こちらも調べてみよう。

3 自分にある程度自信があり、「とりあえず大手の夏インターン」と思っている人

少し乱暴な表現を使ったが、あえてそうした。外資系コンサル・投資銀行の選考やジョブは難易度が高い。思考体力と地頭の良さが求められる。自分に自信のある人はぜひそのハイレベルさを体験してほしい。そして、自分の課題を明確にしよう。

せっかく大学3年生の貴重な時間を使うのであれば、いい経験になるので**挫折や危機感を感じてほしい**と思っている。その経験は、きみの中にある成長意欲を刺激してくれる。選考に落とされる

ことで、例えば学生時代がんばったことが甘いな、と感じたのならば、サークルやバイト、ゼミでの活動にも一段と気合が入ることだろう。選考を受けているほかの学生の能力の高さに驚けば、業界研究や企業研究に力を入れたり、ＴＯＥＩＣ®やＳＰＩの勉強にも一層気持ちが入ったりする。

ややや本質的ではないかもしれないが、能力が高い集団の中に飛び込み、自分の実力を試すという意味において、外資系のインターンはうってつけなのだ。

外資系コンサル・投資銀行志望者が準備しておきたいこと

もしも興味が出てきたのなら、次の5点を意識して準備を進めていこう。

1 コンサル・投資銀行の知識

・ビジネスモデルの理解
コンサルも投資銀行も部署によって業務内容が大きく異なる。
「外資就活ドットコム」などを参考にしながらまずは全体像を把握しよう。

・自分が目指す領域や部門を決めていく。
例えばコンサルであれば、戦略、会計、IT、人事などに分かれている。
自分がどの領域に挑戦していきたいのかを業界研究をしながら進めていく。

・企業研究（ホームページ〈採用ページ〉、ウィキペディア、社会人訪問）
選考に向けて、各社の違いを自分なりに理解していく。
なぜその会社なのか、同業の他社と比べてその企業を志望する理由を言語化する。

2 関係性の高いニュースや企業情報のチェック

・日経新聞、ブルームバーグなどの経済ニュース。英語での情報収集もしておく
・「週刊ダイヤモンド」や「週刊東洋経済」、「日経ビジネス」や「News Picks」などのビジネス誌とオンラインサイト
・各社が決算期に出すＩＲ情報
・面接で「あなたの趣味に関連する企業に、買収提案するならどうしますか？」聞かれた学生がいる。気になるＭ＆Ａ案件を聞かれることもある。興味を持ったきっかけ、案件の背景、メリットなどを自分で言語化しておこう。

3 ＧＤ・面接対策（知識の習得と思考力のトレーニング）

・マーケティングや経営、金融業界についての最低限の知識を学ぶ
選考中にＧＤでこれらの知識が求められるケースが多い。

・ケース面接について学ぶ
東大ケーススタディ研究会の（編）著書が参考になる。思考のフレームワークと、それを使うタイミングを理解しておこう。ただ、これが最低限なので、大きな差別化には繋がらない。マッキンゼーやBCGのHPに対策ページがある。いずれも英語で書かれているが、これくらいは理解できるようにしておきたい。また、YouTubeで実際の雰囲気を感じておこう。「case study interview」などで検索してみよう。

4 **筆記・適性試験対策**

・昨年実施されたものを調べ、対策本を購入する。かなりの高得点が求められるので、反射的に回答できるレベルになっておこう

5 **我究（自己分析）**

・もっとも重要。仕事を「やりたいし、できる」ということを経験とひもづけ、自信を持って語れるようにしておく。特に、リーダーシップとフォロワーシップが重要。チームで目標達成するために動ける根拠を言語化しておく

COLUMN

0点からスタート。TOEIC®も同時にスコアアップしたY君の筆記・適性試験対策

いつ・どんなときに始めたのか

大学2年生の10月に、エントリーすれば筆記試験が受けられる、ある企業の選考に応募。まったく解けず、結果は0点。強い危機感を覚える。

どんな対策が有効だったか

1つ上の代の先輩と一緒に勉強した。強い熱意を見せ、本格的に就活を始めていた人たちにまざって、対策を進めた。青本やSPIノートの会の本を繰り返し解きつつ、LINEやオープンチャットなどで情報交換を心がけた。出題された問題は忘れないようにメモし、エクセルにまとめた。

勉強に費やした時間の目安は次の通り。

勉強を始めた頃：就活に費やす時間は1日7〜8時間。そのうち90%を筆記試験対策に使う

3年生の夏頃から：就活に費やす時間は1日10時間。そのうち50%を筆記試験対策に使う

3年生の冬インターン：就活に費やす時間は1日12時間。そのうち30％を筆記試験対策に使う

その結果、本選考が始まるまでには「筆記試験対策はやりきった、完成」と言える状態になっていた。

対策のポイント

目標設定とそれに対する現状の客観視が大切。また、それに沿ってＴｏｄｏを細分化すること。

まずは、実際に企業の選考を通過するのに必要なスコアをインターネットで調べる。そして、いつまでにそれを達成するかを決め、現状から逆算して計画を練っていった。現状と目的地をしっかり客観視するように注意する。特に自分の得意、不得意分野を把握し、適切に時間を配分する。何をいつまでにどれだけやるのかも整理しておく。

日々のＴｏｄｏは細分化し、毎日コツコツ学習を続けられるようにする。モチベーションが上がらずしんどいときは、筆記で失敗している先輩を反面教師にした。

この方法はＴＯＥＩＣ®満点の獲得にも大いに役立った。

COLUMN

本選考の結果と得られたもの

本選考の筆記試験で落ちたことはなかった。その後、日系大手や外資系コンサルなど複数社から内定を獲得。

この勉強を通して得られた副産物が2つあった。まずは、知的好奇心が高まり、新聞や本を読むのがつらくなくなったこと。さらに、頭の中の情報処理スピードが上がり、人の話を聞いて理解するのも速くなった。その点からも、しっかり対策しておいてよかったと感じる。

第12章 海外インターンシップ

海外インターンシップに取り組む学生が激増している。
縮小する日本経済の状況に対して
危機感を持っている学生が増えているためだ。
コロナ禍においてもオンラインで参加することができる。
今までと同じことをしないといけないという発想を壊し、
今の自分に必要な行動をしよう。

海外インターンシップとは

海外インターンは、「欧米などの先進国」と「アジアを中心とした新興国」の2つに分けることができる。コロナ禍で制約は多いが、成長するための選択肢として記載しておく。

前者は半年以上の留学に行っている学生が、留学中に参加するケースが多い。現地のオフィスで働き、有意義な経験が積める。しかし、ビジネスレベルの英語力がない場合は、単純な入力作業や倉庫の整理などしかやらせてもらえず、「海外ならではの経験」を積みづらいと聞く。

一方、近年、増えているのは後者のインターン。海外進出を目指すベンチャー企業や、現地で起業をした日本人の会社で「即戦力」として仕事をする。多くの場合、ローカル社員とともに、多国籍、多文化、多様な価値観の中で仕事をすることになる。ネイティブレベルの英語力を求められず文化の壁も低いため、大学生でもやる気があればなんとか乗り越えられる。自分が経験したいことをきちんとこなすためにも、**短くても2カ月程度は滞在したい**。休学などが許されるのであれば半年から1年挑戦してみるのもいいだろう。きみに残された時間と相談しながら検討しよう。

海外インターン
モデルスケジュール

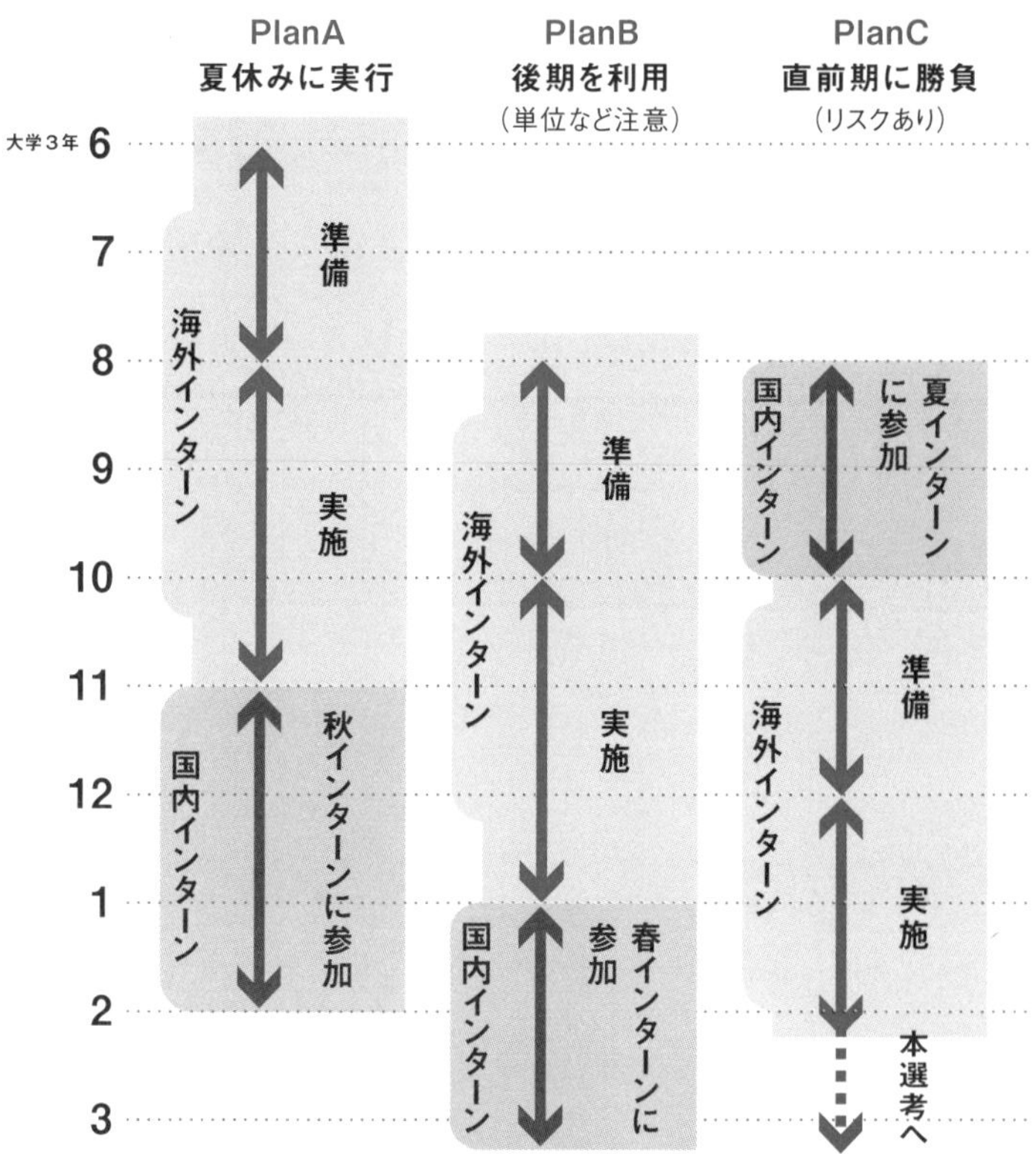

PlanAやBで行く人が多い。PlanCで行く場合は、
国内のインターンシップや社会人訪問をするチャンスが
減ってしまう分、リスキーだ。現地で情報収集を怠らないこと

海外インターンシップの挑戦をおすすめする学生

では、どんな学生は海外インターンに参加するといいのか。
僕は次の3種類の学生に会うと、おすすめすることが多い。
コロナ禍においてもオンラインで挑戦できる。

1 学生時代がんばったことがない人

「本選考のエントリーシートに書くことがない」「就職活動を通して自分を変えたい」と思っている人。その人にとっては、大き過ぎる挑戦かもしれない。だからこそ挑むのも手だ。やりきれば大きな自信につながる。手段が目的化しているようで、やや本質的ではないとも言える。それでも、これを読んで「自分だ」と思えた人にとっては、素晴らしい機会になりうる。

「タイガーモブ」や「海外ビジネス武者修行プログラム」など、オンラインを含む海外インターンを紹介するサイトは近年増えてきた。自分の興味ある「業界」「エリア」「得られる経験」をチェックし、自分の予定や予算などに照らし合わせて決めていこう。

2 途上国の発展に貢献したいと思っている人

「世界の格差をなくすことが夢」の人が増えている。海外ボランティアや途上国への旅行がきっかけでその夢が育まれることが多い。これらの人には、海外インターンを通して、「ビジネスパーソン」としてその国で生きることを体感してほしい。「かわいそう」だけでは成り立たないビジネスの世界。**現場を見た上で志望動機を語らなければ、社会人から見たら「きれいごと」を語る若者に見えてしまう**。当然、選考も落とされる。経験に裏打ちされた思いを語るためにも、挑戦したい。

3 「漠然と」商社、グローバルメーカーを志望している人

中でも、帰国子女でも体育会でもない人。また、交換留学などの半年以上の留学経験もない人。TOEIC®のスコアも800点未満の人。そもそもこういう人は、**海外への憧れはあっても、実際にそこで生活することやビジネスをすることが実感として持てていないことが多い**。だから、本選考でも強く語れない。採用担当者から見ても、本気度が伝わってこない。だからこその挑戦だ。

行き先を決める際に自分に問うべき4つの質問

行き先の企業を選ぶ際の注意点がある。きみの挑戦が素晴らしいものとなり、成長につながるよう、次に挙げる質問に自分なりに答えられるようにしてから、行き先を決めよう。

Q1 きみは将来どこの国（エリア）でビジネスをしたいのか

この答えとなる国（エリア）を行き先にしよう。答えられない場合は、第4章のワークシートに再度取り組む。きみが5年後、10年後に、戦っていたい、貢献していたい舞台を選ぶのだ。

以下、海外インターンに行った学生からヒアリングしたエリアごとの特徴をまとめておく。

・シンガポール

欧米系企業のアジアのヘッドクオーターが近年シンガポールに集められているため、インターンを通してダイナミックに動くアジアの経済を感じることができる。また、数年前までインターンに参加できる学生は世界ランキング２００位以内に入る大学の学生とされていた。現在も集まってくる学生のレベルは高い。

・東南アジア（発展途上国）

東南アジア諸国は人口も増加し、順調に経済発展をしている。一方で先進諸国のように、ビジネスも成熟していないため大学生インターンにもビジネス現場に出させてもらうチャンスがある。言葉もままならない状況でも営業現場に出させてもらうことができることも多く、成長しているマーケットの最前線を経験することができる。

・欧米

シリコンバレーを代表とするような西海岸のエリアでインターンをしてきた学生はその後のキャリアにも影響を与える刺激を受けてきている。インターン先の企業もテック系が多く、スピード感や社風の自由さ、世界をターゲットにしようとするスケールの大きさが、日本の大企業と違うことを肌で感じる。街全体が起業家マインドにあふれ、カフェやレンタルスペースなど至るところでピッチイベントが開催されている。世界の大きな変化を感じることができるだろう。

Q2 きみはその国（エリア）でどのようなビジネスがしたいのか

きみが挑戦したいビジネスに近いものを経験することをおすすめする。業界が違えば、ビジネスモデルもそこで働く人も異なる。志望業界で働くことの実感を持てるように、少なくとも関連する業界で仕事をすると、帰国後に志望企業を決めやすい。なお、日本の大企業の海外支社は意外と小規模だったりする。そのあたりの感覚も、実際に現地に行ってみないとわからない。

Q3 行こうとしているその企業の経営者の思いに、きみは共感しているか

インターンの募集ページで経営者が語っているメッセージをしっかりと読む。そして、参加に向けた面接の際に、直接、経営者に思いを聞く。「なぜ、何のためにそこでビジネスをしているのか」を。その人の思いに共感できる場合は、インターンの仕事に意味を感じられる。当然、やりがいも感じやすい。

Q4 きみはインターンの期間を通して何を経験したいのか

そもそも、きみは何を手に入れたくて、そのインターンに参加するのか。期間を終えて、**日本の空港に降り立ったときに、どんな自分になっていたいのか**。いざ行ってみたら「雑用ばかりだった」ということでは困ってしまう。行く前に、経験したいこと、成長したいポイントを明確にし、確実にそれを取りに行こう。

これを読んでいる今は、即答できなくても構わない。初めてこの存在を知った人にとっては、ハードルが高い選択だろうと思う。「言葉は通じるのか」「治安は大丈夫なのか」「お金はどの程度かかるのか」「失敗しないだろうか」などなど、挙げたらきりがないほど、心配のタネが出てくるだろう。

それでも、挑戦を決めるなら、納得いくまで考えよう。

きみにとって大きな挑戦になる分、間違いなく素晴らしい経験になる。僕が今まで我究館生たちと語ってきた中でも、海外に飛び出すことで驚くほどの変化、成長を遂げてきた学生はたくさんいる。それまでの延長線上にはいない、別人になって帰ってくる。

彼らが出発前に口を揃えて言っていたことがある。

「このままでは、終われないんです。勝負した自分で就活を乗り越えたい」

もちろん、うまくいくことばかりではない。「海外インターンに行った」という事実だけで評価してくれるような、魔法のようなものでもない。行く前も現地でも、期待と不安のドキドキが止むことはない。自分の決断を正解にするために、目の前のことへ全身全霊でぶつかることが大事だ。

COLUMN

スケジュールとタスク管理のコツ

大学生のみならず、社会人でも苦手な人の多いスケジュールとタスク管理。

毎年、学生たちが悲鳴を上げる。

「大学の課題と就活の両立ができない」

「部活と就活が並行してできない」

「常に就活のことが頭から離れない。気が休まらず、ストレスを感じる」

「ESの提出期限を間違えて、応募できなかった」

「説明会の日程を手帳に間違えて書き、参加できなかった」

このような経験や思いをしたことがある人は多いはずだ。インターンや就活を成功させるためにも、ぜひ対策を考えておいてほしい。今のうちに自分なりの方法を確立しておけば、就職活動だけでなく、社会人になっても役に立つ。

ただ、今まで1000人以上の学生と向き合ってきたが、全員に当てはまる策はないというのが僕の正直な感想だ。

大事なのは、自分に合ったやり方かどうか。この一点だ。

僕は1日に数回、スケジュールの確認をするようにしている。やや非効率的かもしれないが、何度も確認すればその分、頭に入ってくる。その際は当日の作業の進み具合と、中長期的なスケジュールとを比べて、無理がないかを確認している。

また、物事は予定通り進まないもの。「うまくいかない、時間が足りない」とわかったら、すぐに次の行動を考えるようにしている。

会議や打ち合わせなどの予定を決めたり、調整したりするときは、必ず復唱して相手に確認している。これをするだけで、日程調整のミスは格段に減らせる。

これはあくまで僕の例であり、すべての人にとっての最適解ではない。ミスがないこと、無理しないで続けられること。この2点を満たす方法を探そう。ぜひ自分なりのやり方を確立できるように試行錯誤してほしい。そうすれば、無駄な失敗は減り、成功体験が確実に増えるはずだ。

第13章

先輩のインターンシップ体験記

我究館生が実際にインターンシップに参加して感じたことや得たことを、体験記として掲載した。
彼らのリアルな声を読みながら、自分にとって今必要なインターンシップは何なのか、
再度自分に問い直してみてほしい。

リモートワークで長期インターンに参加したUさん

青山学院大学　内定先：外資系IT企業

・普通の大学生だった私

振り返ってみると、私の学生生活はありふれたものだった。

都内の私大に通い、特に成績が良いわけではなかった。サークルには所属せず、アルバイトで稼いだお金で海外旅行をするのが一番の楽しみで、留学経験も資格もなし。同じアルバイトを高校1年生のときから6年間続けているくらいしか、他人と比較して特別なことはなかった。ただ外交的な性格だったので、それでも楽しく学生生活を過ごしていた。そんな普通の大学生が就職活動で現実とぶつかり長期インターンをはじめ、人生のなかの一つの変化を経験した。「ない」ことばかりだった自分がインターンを通して何を得たのか、少しでもお伝えできたら嬉しい。

・就職活動をきっかけに、普通から一歩踏み出す挑戦を決意

私の就職活動はまさに「恋愛」みたいなものだった。内定先の企業には出会ったときから直感的に惹かれ、ずっと頭から離れなかった。自己分析をしていくうちに、自分のピースとその企業のピースがパズルのようにかっちりハマっていく感覚があった。この企業に入社するしかない、そんな風に思ったのは大学3年の12月だった。

ただ、実際の「恋愛」と同じように、いくら相手に惹かれていて、それを言葉にできていたとしても、相手が私を魅力的に感じてくれなければ内定は勝ち取れない。それが就職活動だ。「果たして、今の自分はこの企業にとって採用したいと思える人間なのだろうか」そう考えたときに、どんどん自信を失っていった。就職活動をするなかで優秀な人たちをたくさん目の当たりにした。今の自分じゃそんな人たちと同じ土俵に立っても勝ち目がないと思っていたし、実際にそうだったのかもしれない。確かに自分にだって少しくらい魅力的な部分はあるはずだ。でも、その会社で活躍できると証明できるだけの「私はこんなことをしてきたのだからここでもやれる！」と胸を張れる経験がなかった。そもそも「自分が働くうえで本当に求めているものは何か」や「本当にこの企業でいいのか」という不安もあった。

そんななか、長期インターンをはじめる決意をした。本格的に社会人経験を積めるこの機会が自分を一歩成長させてくれると思った。そうすればもっと自信を持って就職活動が行えるはずだ。加えて、実際に働くのは自分の企業選びの軸を見つめなおす良い機会だと考えた。年明けからは就職

活動が本格化し始めるタイミングで長期インターンをはじめるべきか迷いもあった。それでもせっかく「ここに入りたい！」と思える企業に出会えたのだから、内定をもらうためにやれることをやるしかないと決意した。「つまずいたっていい」それがきっと今の自分を変えてくれると思った。

・インターン先を選んだ理由と入社までのプロセス

私は従業員数700名弱とやや規模が大きいITベンチャーでインターンをはじめた。長期インターン先にここを選んだのは、志望企業と同じSaaSと呼ばれるビジネス形態だからだった。そのうえ、インターン先は志望企業の製品を導入していた。それを使いながら、希望しているインサイドセールスという職種の経験までできる。まさに志望企業の内定を見据えた選択だった。私のようにいきたい企業が決まっているのであれば、そこと同業界かつ近い分野の企業を。業界が何も決まっていなければ興味のある職種で探してみてもいい。インターンを募集している企業は従業員数名から数百名まで様々だ。企業フェーズという観点から探してみるのもいいかもしれない。

12月初旬に長期インターンをはじめると決意し、Wantedlyからインターン先に応募、面接を受けた。合格したのは12月の半ばだった。一度行動を起こしてしまえば、そこからはあっという間に進んでいった。翌月から、私は人生ではじめての長期インターンに挑戦することになった。ワクワク感があった一方で、不安も同時に大きかった。社会人のなかでは私は何もできないのではないか、自分の現実を嫌でも突きつけられるのが怖かった。

・アルバイトとは異なる仕事の難しさ

インターンでは、1年前にリリースされたばかりの採用サービスのインサイドセールスを行った。サービスを導入してもらうために「リード」といわれる見込み客へ営業担当が商談をし、商品を売っていく。その見込み客と営業担当の架け橋となるのがインサイドセールスの役割である。まず資料を請求してきた企業の担当者へ電話やメールでアプローチする。そして、受注につながる質の高い商談をセットするのが主な業務だった。チームごとに3か月間の目標数値が決められていて、それに応じて個人の目標も決まっていた。私の場合は商談のアポイントを何件とる、そのうち何件受注する、という定量的な目標があった。

今までコンビニや飲食店でのアルバイトしかしてこなかった私にとって、なにもかもが初めての経験だった。サービスに興味がある程度の顧客に対して、電話でヒアリングを行う。そのなかで相手の本質的な課題を発見し、解決策としてサービスを提案する機会（＝アポイント）をいただく。コンビニのように、お客さん自らが商品を買いに来てくれるのとはわけが違う。最初は何度も断られた。もともとサービスへの関心度が高い顧客に出会えればアポイントは取れたが、それはほぼ運任せに近かった。何を聞けば顧客の課題が掴めるのかも、そこからどういう話の展開をすれば商談をセットできるのかもわからなかった。そこで待ち受けていたのが、企業で働く責任の重さだった。

「うちはインターンをボランティアでやっているわけじゃない。1人のリードを獲得するために数万円のお金がかかっていることを忘れないでね」

入社当初に上司に言われた言葉がいつも頭にあった。自分には与えられた目標がある。それを達成できるのだろうか。入社して数日で何事にも成果を求められる現実から、お金をもらって働く意味を痛感した。日々数字を追いかける営業という仕事で避けられないプレッシャーを肌で感じた。

・コロナ禍でリモートワークへ

さらに、ときを同じくして新型コロナウイルスが流行した。入社後しばらくして在宅勤務で業務を行うことになった。ひとりきりの自宅から電話をし続けるのは、とてもきつかった。ミーティング以外で会社の人と話すことはほとんどなくなった。ただでさえ、一日中電話するのは精神的な負担になる。社内で交わすコミュニケーションはストレスのはけ口になっていたのだが、それもなくなってしまったのである。また、在宅勤務では誰の目にもふれないため緊張感も薄れる。仕事とプライベートの境があやふやになり、その切り替えが難しかった。

・困難に立ち向かい、見えた成長プロセス

こうした環境や仕事のプレッシャーに耐えられず、辞めていくインターン仲間もいた。正直、私にも「逃げたい」という感情は少なからずあった。しかし、ここで諦めて自分の成長が得られなかったら「インターンをはじめた意味がない」と思った。今までの自分を変えたかったはずなのに、ここで辞めたら何も変わらないじゃないか。突きつけられた「何もできない自分」と全力で向き合い努力しようと決意した。これが、自分の変化の大きな一歩だった。

それからは、先輩の電話の録音を聞いて会話の流れや質問のしかたを勉強したり、自分の録音を上司に聞いてもらいフィードバックを受けたり、本を読んで営業術について学んだり……。自分の仕事に全力投球するようになった。そうしているうちに、偶然ではないアポイントを獲得できる手ごたえが掴めるようになってきた。電話をしながら頭をフル回転させ「次は何を聞けばアポイントにつながるかな」と考えられるようになった。すると、自然と目標も達成できるようになっていった。あんなにプレッシャーに感じていた仕事が、むしろ楽しいと感じられた。と同時に、人と比べて劣っていると思っていた自分にだんだん自信が持てるようになった。

在宅勤務での業務も、自分に合った働き方ができる工夫した。私にとっては人とのコミュニケーションが精神的な安定のために特に重要だ。そこで積極的にメンバーとのオンラインランチを設定したり、仕事に関してフランクに話すコミュニケーションの時間を設けたりした。そして、その日行うべきタスクごとに使う時間を明確に定めて自分を律し、仕事とプライベートとをうまく切り替えられるようになっていった。

・長期インターンを通じての成長と飛躍

想像以上にインターンを通して得られたことは多かった。「私はこんなことをしてきました」と胸を張って言える経験ができた。自分に自信が持てるようになった。スキルの成長だけでなく、仕事への向き合い方などのマインドも変化した。また、企業選びの軸を見つめなおすという観点では、実際に働いたからこそわかる「生の情報」から自分の適性などを理解し、それを自分ごとで語れるようになった。例えば、営業という仕事は個人プレーになってしまうことも多い職種だ。だが、私のチームには自分の経験をメンバーに自ら共有する人が多く、チーム全体で成長していく実感があった。もともとチームで何かをすることが好きな私は、こういうオープンマインドな環境の方が働きやすいと気づかされた。それは就職活動の軸の一つになった。これを実際の経験から語り、説得力のある話ができるようになったと感じている。

そして最後に、優秀な仲間と出会えたことも大きかった。私以外にも数名のインターン生がおり、みな大学生だったのですぐに仲良くなった。インターンをはじめる大学生は成長したいという意識が強い人が多い。そういう人が集まるコミュニティに属したことで自分の視座も高くなったように感じる。業務だけでなく就職活動の情報についても共有していたので、インターン仲間は就活仲間という存在にもなった。お互いにキャリアの話をして気づくことや学ぶことも多かった。なにより、決して甘くはない環境でつらい時間をわかち合い、お互いに高めあった経験は社会に出てからも大切な思い出になるだろう。

・自分のことを普通の大学生だと思っているあなたへ

私はこれらの経験や学びを活かし、無事に第一志望の企業に内定をいただくことができた。私の就職活動という「恋愛」が成就したのである。まさか、大学生活はバイトか遊ぶことしかしておらず、他人と比べて劣っていると思っていた私が、第一志望の内定を勝ち取れるとは。長期インターンをはじめるまでは想像できなかったことだ。あのとき、思い切って長期インターンに挑戦して良かったと今でも心から思える。

長期インターンは生半可にできるものではない。必ず困難にぶちあたり、自分の弱いところと向き合わなければいけない。会社に属して働いている以上、自分の仕事に責任が問われる。学生だからという言葉は通用しない。だからこそ、それを乗り越えればやってきたことがちゃんと成長として返ってくるし、見える世界も変わる。これが、実際に1年3ヶ月間インターンをして感じたことだ。

だからといって、全員が長期インターンを経験するべきだと私は思わない。就職活動と長期インターンを両立させるのは大変で、リスクもある。ただ、自分が長期インターンをする理由が見つかっているのに、不安でなかなか踏み出せない人には思い切って挑戦して欲しい。私が長期インターンをはじめた決断のように、就職活動における大きな変化の第一歩になるかもしれないからだ。

ベンチャーのインターンシップに参加したKさん

横浜市立大学　内定先：大手IT企業3社

「井の中の蛙、大海を知らず。されど、空の青さを知る」

高校時代、担任だった先生が転勤の挨拶で話してくれたことが今も心に残っている。今の環境は小さくて、外に出ると今までが通用しない厳しいこともある。そのとき空の青さが何かわからなかったが、井の中の蛙とは、まさに自分のことだと思った。

北海道の小さな町で育った私の高校は、各学年50人程度、大学進学者自体が少ない田舎の学校だった。満足とはお世辞にも言えない現状を環境や境遇のせいにする弱い自分が嫌いで、親の反対を押し切り、希望だった道外の大学に進学した。好きで選んだのだから、もう言い訳はできない。

それでも、大学生活も2年が過ぎようとしたあたりで、少し前から感じていた焦りが大きくなり始めた。ここでは、強みと言えるものも誇れる経験も何もないということ。高校時代のように運動部に所属しているわけでも、学業で表彰されることもない。地元では得意だった英語も強みだと思っていた行動力も、ここでは人並み。上には上がいる。大海にでた蛙が、何もない自分にあらためて気づかされ、もともと少ない自信を全部持っていかれた感じだった。

自分の夢に向けて行動している友人や何かに打ち込んでいる友人を見て、このままではもっと差が開いてしまうと焦りが募っていた。結局、地方生は都市部の学生には敵わないと、環境のせいにする弱い自分が出そうになる。ただ、簡単に諦めきれなかったのは、道外進学を選んだ自分を間違いにしたくなかったから。安全圏の道内大学を進める高校の先生や親の反対を押し切った自分は唯一好きだった。

予定していた留学先で実習経験を積むための経歴作りの名目もあったが、何でもいいから自分の強み、自信を持って語れる何かが欲しくて長期インターンシップを探し始めた。名の通った会社も魅力的だったが、成長するためには責任のある仕事を任せてもらえる場がよいと思い、小さいベンチャー企業を選んだ。飲食店のコンサルティングや広告運用を行なっているIT系の会社だった。

インターンシップの内容は、飲食店の情報を載せる食べログやRettyのようなウェブメディアの新規立ち上げだった。インターン生6人のチームで、ドメインしかない状況から飲食店に取材をし、記事を作成してメディアを運営していく。メンバー全員がウェブ初心者で、WordPressの使い方やSEOについて手探りで進めた。

チームの目標は3カ月以内に選定したキーワードで検索した際に、自社メディアが上位3位以内に表示されること。私はそこで、ディレクターのような仕事をしていた。チームで立てた目標や戦略から記事の内容や配信計画を立て、各メンバーに記事作成の依頼やタスクの進捗管理をする。私が追っていたKPIは、チーム全体での記事配信数とその質の向上。自分が頑張るだけでは目標は達成できない。同じチームワークでも部活動とは違い、メンバーのコミット量も質も理由も違う中で目標を達成していくことは、そのときの私にとって容易ではなかった。

さらに、一期生のため、仕事の仕方もノウハウもない中でのインターンシップが学生気分ではきつかったこともあり飛んでしまう子がでるなど、目標達成を困難にさせた。学校とは違い結果で評価する会社では、目標が達成できず社員さんに詰められることもあった。優秀な他のインターン生を前に引け目に感じることもあった。そんな中、どうすればメンバー全員がフルパフォーマンスを発揮し、チームで結果を出せるかひたすら取り組んだ3カ月だった。

留学直前まで続けたインターンシップで、絶対と言える強みが得られたわけではなかった。しかし、負荷のかかる環境に身を置いたことで、自分の「できる」基準が少し上がったように感じる。また、よく言われていることで申し訳ないが「働く」ことに対して理想ではなくリアルな厳しさを知ることができたし、納期内にチームで成果を出すプロジェクトマネジメントを学び、今後極めていきたい力の1つとなった。

インターン先での経験はガクチカになったことはもちろんだが、人生の分岐点とも言える就活の考え方や決断にも大きく影響した。仕事を通してどんな人になりたいか、社会にどう貢献したいか、それをどう働きながら実現できれば毎日ワクワクできるのか。働いた経験がこれまでフワフワしていたことに、輪郭を持たせるきっかけになった。

今の私の目標は、最速でかっこいい大人になること。チームで成果を出し、周りから頼られる人、これが今の私が考えるかっこいい大人の定義。情けないが周りや社会への貢献の前に、未熟すぎる自分を成長させることが直近の目標だ。その上で、環境や情報格差に関わらず挑戦できる社会になるよう貢献したいと思っている。地方と都市部では、インターンシップの機会にしても出会える多様な人々にしても差があるが、これを超えることはできないか。今後、目標は変わっていくかもしれないが、今はこの2つを考え情報サービスを提供するIT企業への就職を決めた。

欲しかった強みや自信を得られたわけではなかったが、自分はこうなりたい、これがしたいという今の目標が明確になっただけでもインターンシップをした価値があったと思っている。

ただ、ここまでの答えを自分1人で出せたわけではない。頼れる仲間の存在があった。モチベーションが落ちたり、思考が煮詰まったりしたとき、客観的な意見やときに耳に痛い厳しい現実を正直に伝えてくれる仲間の存在は大きかった。マックで夜な夜な壁打ちに付き合ってくれるそんな仲間を得られたのは、長期で一緒に働いて、酸いも甘いも経験したからだと思う。就活を納得して終えた多くの友人が、どこで知り合ったかは別にして、頼れる大人や相談できる仲間を持っていたように感じる。就活をこれから控えている方はぜひそんな人を見つけてほしいし、インターンシップはその出会いの場の1つだと思っている。

井の中の蛙は、大海で簡単に通用しない。けれど、それは変わらないわけではない。もし私のように強みや自信がない人がいたら、今の自分にできないことを将来の自分もできないことにしないでほしい。初めはできなくて負荷がかかるかもしれないが、その環境に身を置き続けることで、いつの間にか自分が成長してそれが当たり前になっていることもある。また、動くことで初めて見えてくることもある。

私も今の自分が一番好きだと言える自分でいるために、これから挑戦し続けたいと思っている。未熟の身で恐縮ですが、読んでくださった方の何か挑戦するきっかけになれば幸いです。

大手企業のインターンシップに参加したYくん

東京大学　内定先：大手メーカー、総合商社

・自己紹介

まず、「大企業」のインターン体験記を書く前に、軽く自分の自己紹介をしておきたいと思う。僕がどんな就活生だったのかわかった方が、体験記もよりリアルに想像しやすくなると思うからだ。

僕は東京大学出身で、2年まで所属していた体育会での競技経験や、海外で現地政府を巻き込み、自ら国際協力のプロジェクトを立ち上げた経験がある。就職活動では学歴と、これらの経験を武器としていた。TOEIC®は810点で、それ以外の資格はない。

弱点は、かなりのあがり症であることだった。インターンで30社、本選考で20社受けて、インターンの内定は3社、本選考の内定も3社だった。

・なぜ大企業のインターンに行くことにしたのか

理由は2つ。1点目は、僕の適性と能力の問題。面接になるととにかくうまく話せないので、短時間で自分をアピるのはとにかく苦手だった。ベンチャーや外資は、明日からでも売り上げを勝ち取ってくるような即戦力人材を求めていると感じたし、実際選考で合格することもなかった。逆に、自分は粘り強く努力し、前例のない結果をたたき出す大器晩成型だったので、大企業になじむと思っていた。

2点目は、僕の関心の問題。僕の就活の軸に、「海外でできるだけ大きなことを成し遂げること」があった。学生時代に海外の現地政府を巻き込んで国際協力プロジェクトを運営していたので、それより規模感が小さくなるのは嫌だった。必然的に、海外で大規模なプロジェクトを行うキャパがある、大手商社や大手メーカーを中心に就活を行っていた。

断っておくが、大企業は安定しているからとか、たとえばそんな理由で大企業を見るのはやめた方がいいのではないかと思う。激動の現代ではどこにも安定はないと感じる。

・参加インターン

①大手日系消費財（たばこ）メーカー（5days）：3年生の12月

ES提出→面接→インターン参加

②大手財閥系総合商社（3days）：3年生の2月

ES提出→グルディス（GD）→インターン参加

・インターンの内容と、参加して思ったこと

①大手日系消費財（たばこ）メーカー（5days）：3年生の12月

このインターンは山あり谷ありだった。まず最初の自己紹介であがり症をいかんなく発揮し、緊張しきった自己紹介をかましてしまった。その上、チームでは頭の切れる人ばかりで、自分もかなり議論に食い込んだが、議論自体は一進一退で、プレゼンの前日の夜に、すべての新規事業のアイデアが白紙に戻ってしまった。

しかし、ここからが僕の本領発揮の場だった。チーム全体に諦めの雰囲気が漂い、離脱者も出た。しかし僕は徹夜でアイデアを練り直し、チーム全員を粘り強く説得して、何とかアイデアをプレゼンできるところまで持っていった。5日目のプレゼンでは、1人でほぼすべてのパートのプレゼンを、緊張しながらも堂々と成し遂げた。

自己紹介の時はガチガチだったのに、プレゼンでは堂々としていることも社員の方の目に留まったらしく、自分のチームはそのインターンでは準優勝することになった。インターン後の懇親会では、事業部長から直接「Yくんは今のままでいい。Y君のペースで成長してくれればいいんだよ」

と言われ、心底涙が出た。本当に、あきらめずに最後までやり抜いたことが実を結んだと思った。

このインターンでの最も大きな学びは、「自分の弱みを受容し、そのうえで自分を信じること」だ。そもそもどんな企業もどんなコミュニティも、いろいろな個性が必要なのだ。株式トレーダーがポートフォリオを組むのと同じ原理で、もし会社が同じような人ばかり採用していたら、その会社はきっと環境や時代の変化に適応できず、廃れてしまうだろう。

つまり、もしあなたに何か弱みやコンプレックスがあったとしても、それは逆にあなたの個性で、受け入れることで逆に武器に出来る可能性があるという事だ。今回の話で言えば、もし僕が自己紹介でうまくやっていたら、堂々としたプレゼンもさして特別な物にはならなかっただろう。あなたも僕も、きっと弱みは、人生をより面白くしてくれるスパイスだと思うのだ。

このインターンを経て、私は自分が緊張していることをあえて面接官に伝え、それをいじってもらうことで場を和ませることが習慣になった。自分の弱みを受け入れ、武器にした瞬間だった。

②大手財閥系総合商社（3days）3年生の2月

このインターンは完全に失敗だったし、①のインターンが早期内定ルートにつながったのに対して、②のインターンはつながらなかった。インターン中、発表する役の奪い合いになってしまったときに、発表役を譲ってしまったことが敗因だったと思う。

人員に余裕がある大企業でも、全体に対して成果を示すチャンスは限られていることが多い。グループでのワーク中は、社員はバックヤードにいて自分の仕事をしていたり、もしメンターが付いても、それは当然評価してくれる社員の方々のうちごく少数だ。

何が言いたいかというと、インターンがその後の選考にプラスに働くようにするためには、「たくさんの社員を魅了しなくてはならない」ということだ。そしてそのためには、グループで下支え役に甘んじている場合ではない。もちろんそういった役割も大事だし、率先してやって欲しい。

しかしいざプレゼンや発表など、「大多数の社員に向けての成果の提示」のチャンスがあれば、プレゼン役を奪い取ってほしい。朴訥な口調でもよく、声が震えていてもいい。自分の魅力と人間臭さを存分に詰め込んだプレゼンを社員の前で披露して、是非たくさんの社員を「ファン」にしてほしい。もしこの先も大企業で働きたいと思うならば、自分を見せびらかしていくわがままさも大事だと感じた。

このインターンを経て、僕は失敗を恐れず貪欲に挑戦しにいくことが何よりも大事だと学んだ。以降、判断に迷ったときは、「未来の自分に悔いが残らない挑戦」を心掛けるようになった。

外資系企業のインターンシップに参加したYくん

慶應義塾大学　内定先：外資系金融、総合商社、大手総合広告代理店

まず、なぜ外資系企業のインターンシップへのエントリーならびに参加を決意したかについて説明したい。

私が外資系企業のインターンシップに参加した主な理由としては、①外資系企業はインターンシップでのパフォーマンス次第では本選考で有利に働くことを知っていたから、②外資系企業のインターンシップには同期の中でもトップクラスのレベルの学生が参加するため、その層に触れ、自分の力を試してみたかったから、の2点が挙げられる。

外資系企業のインターンシップへの参加を検討し始めたのは、私の場合、大学3年生の4月ごろであった。当初は正直なところ、企業の名前を聞いても知らないような状態であったが、とりあえずは「自分にとってベストな企業に就職したい。そのためにもインターンシップへの参加からがんばりたい」という意気込みだけはあった。そこで先輩に相談してみたり、ネットでいろいろと調べていくうちに、外資系企業のインターンシップへの参加は自分にとって大きなプラスになる、ということに気づき始めた。そこから夏までにエントリーシートを完成させ、グループディスカッションや面接練習をしたわけだが、インターンシップに参加している最中も、そして就職活動を終えた今でも、やはりあのとき参加してよかったと本当に思っている。インターンシップでは本当にレベルの高い学生たちと切磋琢磨しながら成長できたと同時に、そのがんばりが評価され、本選考で優遇されたケースもあった。また日系企業の就職活動でも、外資系企業の内定がアドバンテージとなる場面が山のようにあった。だから後輩の方々にも、本当に騙されたと思って、自分には無理だと勝手に決め付けず、まずはエントリーすることをお勧めしたい。

次に、具体的にインターンシップの中でどのような経験をしたのかについて説明していきたい。外資系企業のインターンシップとしては、主に私の場合は、外資金融と外資コンサルの2つの業界の中で複数社参加した。日数としては3~5日程度のものがほとんどであったが、そのプログラム内容に関してはそれぞれの業界や、各企業によって大きく異なるものであった。外資金融の場合は金融関連のお題（企業買収における企業価値評価と買収ストーリーの提案など）、外資コンサルの場合は新規事業立案提言といったようなテーマが設けられた。ただあくまで私の実体験としては、どちらも「チーム」で活動し最終日にプレゼンテーション、というケースがほとんどであった。もちろんこのチームは企業側によってランダムに分けられたものであり、中には大学院生の方もいらっしゃるため、チーム内で自分が最大限貢献できる方法をいち早く見つけ出し、メンターにアピールすることが極めて重要となるプログラム内容となっている。

これからインターンシップに参加を検討している学生の方々は、おそらく他の学生はライバルと考えていると思う。たしかに外資系企業の場合は、インターンでも本選考に大きな影響を及ぼすため、最終的には自分が内定を勝ち得るために戦わなければならない相手である。しかし、あくまでインターン中はチームで活動するということを忘れないでほしい。同期に敵意むき出しの学生など誰も部下にしたくはない。仮に思っていても内心に秘め、最終プレゼンテーションに向けてチームのアウトプットを最大化できるようぜひ努めてほしい。

また、外資系企業のインターンシップへの参加を通じて自分がどう成長したかについても述べたい。

先ほども少し触れたが、外資系企業のインターンシップへの参加は間違いなく自分にとって大きなプラスとなった。それは本選考での優遇という点でもそうだが、それ以上に、同期のトップクラスに優秀な学生と切磋琢磨しながら自分の思考力を磨くことができたと実感している。たとえばグループワークをしているときでも、やはりインターンシップに参加しているだけあって優秀な学生が多い中で、自分のロジックを相手に伝え、できればそれを通したい、という思いはおそらく全員ある。したがって、そもそも自分の意見を相手にロジカルに伝えること、そして相手の反論や相手のロジックに対しても、ロジカルに反論していく。そのようなロジックのオンパレードの中で自分がチームに一番貢献しているとアピールすることがどれだけ大変なことだろうか。でもそれをやらないという選択肢はなく、ゆえにまずは思考力という点で大きな成長を遂げることができる。

加えて、チームにおける自分の立ち位置を素早く把握し、ベストな方法でアウトプットに貢献する能力も身についた。思考力は確かに大事だが、これは実際には誰もが持つべきベースとなるものであり、逆にないとマイナスとなる要素である。だがこの自分なりの方法で最大限チームに貢献する姿勢は非常に評価に値すると考えられる。

実際に企業に入った後は、自分が若手となりチームに貢献しなければならない。またコンサルの場合はプロジェクトによってチームのメンバーも変わってくる。したがってどのようなメンバーとチームを組んだとしても、臨機応変に対応しながら貢献する必要があり、その順応性や、言葉を変えれば「自分の強みやバリューをきちんと理解できているか」がインターンシップで見られていたと感じた。したがって、思考力と自分なりのチームへの貢献の仕方について、外資系企業のインターンシップを通じて私は磨くことができたと感じている。

最後に最終的な進路の意思決定にあたって、外資系企業のインターンシップへの参加がどのような影響を与えたかについて説明したい。

外資系企業のインターンシップを通じて、何よりも私は就活において多くの選択肢から今後の進路を決定することができた。それは外資系企業内定というアドバンテージの恩恵もあるが、それ以上に、業界をあまり限定せず広い視野を持ちながら就職活動をすることができたと感じている。また進路の決定においても、常にインターンシップでの実体験をもとに、それらの企業と内定先の企業を比較しながら熟考することができた。外資系インターンシップへの参加は、少なくとも私にとっては、ネット上に掲載されていない判断材料を獲得するための非常に重要なプロセスであったと今でも確信している。したがって、志望業界や企業がたとえ外資系ではなくとも、就職活動を終え、あるいは入社してから「やはり外資系企業も見ておくべきだった」と視野の狭さに後悔しないように、ぜひ外資系企業のインターンシップにも積極的にチャレンジしてほしい。

海外インターンシップに参加したHくん

中央大学　内定先：大手メーカー

私は学生時代、アジア三か国で計一年間の海外インターンを経験してきました。

その中でも、今回は大学三年次の夏休みに挑戦をしたカンボジアでのインターンに関して、自身の体験談を書かせて頂きます。

海外インターンで何をしてきたか、海外インターンをする前と後で自分がどう変わったかについて書いているので、海外インターンに興味がある方や、行くか迷っていて一歩踏み出せずにいる方に読んで頂けたら、嬉しいです。

・なぜ挑戦しようと思ったのか？

一言でいうと、「自分を変えたい」と思ったからでした。

まず、前提として、自分は大学三年の夏休みにカンボジアで、休学中にインドとインドネシアでインターンをしてきました。

海外へ行ったのは大学三年のカンボジアが初めてで、それ以前の自分は、サークルやバイトに明け暮れる普通の大学生活を送ってきました。

大学生活の中で何度か海外に行ってみたいと思う事はあったものの、英語が話せない事や、ちゃんと生活できるのかなど、失敗を恐れて挑戦をしてきませんでした。

そんな自分が就職活動を控え、将来について真剣に考え始めた大学三年次に、今まで失敗を恐れて挑戦をしてこなかった自分に、このままではまずいと危機感を感じるようになりました。

そこで、過去に挑戦する事を諦めてしまった海外で、何かに挑戦をする事で自分を変えようと思ったのが、きっかけでした。

当時は英語が全く話せなかったので、初めは語学留学を検討していましたが、海外インターンの存在を知り、興味を持つようになりました。というのも、海外に行く最大の目的は「自分を変える」事だったので、海外で勉強をするよりも、海外で働く事の方が自分にとってはハードルが高いと感じ、海外インターンに挑戦する事に決めました。

・どんな経験をしてきたのか？

私がインターンをしたのはカンボジアの日本食卸売企業で、セールスマーケティングの業務を担当しました。

夏休みの二か月間という短い期間の中で自分を変える為には、自分から学びに行く事が必要だと思い、渡航前にカンボジアの経済動向や日本食市場に関して、自分なりにリサーチと分析をしました。

調べている過程で日本人観光客が増加傾向にある事や現地のホテルが日本人向けのサービスを強化している事に着目し、当時会社があった場所からバスで五～六時間離れた地域に新たなマーケットの成長性があると感じました。

そこで、自分なりに出張計画を立て、一人で出張させて欲しいと社長に願い出ました。

当時は英語が話せず、会話をするのも精一杯で、営業として結果を出せない日々が続いていましたが、自ら立てた目標を達成する為、毎日必死に英語の練習や営業の改善をし続けました。

インターン開始から一か月後、ようやく営業として結果を出せるようになり、その地域に一人で出張をする許可を頂き、念願の出張をする事ができました。

そして当時、会社もその地域に新拠点を立ち上げる計画を立てていた為、出張と同時に新拠点の立ち上げ業務もさせて頂く事になりました。

・その経験から何を学び、今の自分にどうつながっているか？

海外インターンに挑戦する前の自分と比べると、今は、変化する事への恐れがなくなり、一歩踏み出す事や挑戦をする事の抵抗が少なくなりました。

できないから怖いではなく、できない事が当たり前だと思えるようになり、自分の知らない新しい世界に飛び込んでいけるようになりました。

そしてもう一つ、自分に自信が付いた事もとても大きな収穫になりました。

一年間の海外インターンの中で、沢山の困難や挫折を経験し、時には悔しくて涙が出たり、自信を失いかけた時期もありましたが、それでも諦めずに努力をし続けてきました。

だからこそ、新しい世界に飛び込んだ時に、過去の経験を思い出し、「あの時できたから、きっと自分はできる」と思えるようになりました。

・最後に伝えたい事

最後まで読んでいただき、ありがとうございました。

思うに、挑戦する事の最大の障害は、自分自身の中にある恐怖だと思います。

自分の知らない世界に飛び込むことに怖いと感じるのは当たり前のことです。

ただ、実際に行動をしてみると、自分が思っていたよりも意外と上手くいくかもしれないし、思っていた通り、上手くいかないかもしれません。

でも、それもやってみないと分かりません。

だからこそ、迷っている人には一歩踏み出してみて欲しいと思います。

海外インターンはきっと人生を良い方向へ変えてくれる機会だと思うので、勇気を出して、是非一歩を踏み出してみてください。

大学1、2年生でこの本を手に取ったきみへ

この本を手に取ったときのきみは、どんな気持ちだっただろうか。

「就活の準備を早めに始めておきたい」
「就活の進め方を知りたい」
「将来が不安だからなんとなく」

大学生になって間もないきみが、インターンに興味を持つ理由は様々だと思う。
インターンを通して社会を知ることに、自分を成長させることに胸を高鳴らせているのであれば何も語ることはない。この本に書いてあることを参考にきみの思うままに走ってくれればいい。

ただ、誰もがそんなポジティブな理由から動いているわけではないと思う。
近い将来にくる就職活動に対する不安や義務感から動こうとしている人もいるだろう。

そんな人は少し立ち止まってほしい。インターンのことを、誤解しているからだ。

僕があえて、1、2年生のきみたちにもメッセージを書きたいと思った理由。

それは、**インターンは、その経験を通して「夢」や「やりたいこと」を見つけることや、将来の働くイメージを描く助けになってくれる**ことを伝えたかったからだ。就職活動まで時間がある、今の時期からやっておくことの意義はとても大きい。

日本の就職活動は、3年生になると突然「やりたいことはなんですか?」という重たい問いを突きつけてくるシステムになっている。そして、多くの大学生が一斉に戸惑ってしまう。場合によっては、やりたいことがわからない自分を責め始める。

僕はこの6年間、「この現状をどうにかできないか」といつも思い続けてきた。

そして今、その解決策のひとつこそが**早期からのインターンへの参加**だと確信している。

僕は本来、**就職活動は楽しい**ものだと思っている。

未来という不確実なものは当然、不安だ。ただ、その不確実なものにわくわくもできる。そのためには、自分が心からやりたいことがわかっている必要がある。

なぜなら、それが明確になっていれば、会社説明会や選考、社会人訪問も、すべてが自分の将来につながると実感できる。そうすれば、就職活動というイベント全体を楽しめるようになる。

もちろん、旅行やサークル、飲み会といった、大学生生活の楽しい遊びの中から将来のやりたいことが見えてくることはある。

「3年生と同じようにインターンに参加しまくったほうがいい！」とはまったく思わない。

自分が没頭できることを見つけるほうが大事だと思っている。

遊びだけでなく、勉強に全力を尽くすことも、体育会で自分のすべてをかけることも、世界中を旅して未知の世界を覗きに行くのも、今できることを、思いっきりやってみて、何に没頭できるのかを明確にしよう。

人生は意志決定の連続であり、きみが何のために時間を使うのか意識するのを忘れないでほしい。

きみたちが、先輩たちより持っている「時間」。
これが何よりも尊く、いろんなものを解決する。

準備期間が長ければ長いほど、試行錯誤を繰り返すことができる。
最終的に自分が将来何者になりたいのかが見えてくる。

大学生活は驚くほど短い。
入学から今までがあっという間だったように。
気を抜くとあっという間に時間が過ぎていってしまう。

きみが3年生になり、いよいよ就職活動が本格的に始まったときに、「夢」や「やりたいこと」を自分の言葉で語れる自分であってほしい。

そのためにも、この本が提案するインターンのどれかがきみにとってチャンスの入り口になっていることを心から願っている。

おわりに

この本を読んで、どんなことを感じただろうか。

「希望」や「絶望」、人によって今ある感情は異なるはずだ。

「希望」を持っている人は、ぜひそのわくわくをエネルギーにして、自分の可能性を最大化することに挑戦し続けてほしい。

自分のやることや理想への長い道のりに「絶望」している人に対しては「大丈夫」と全力で言いたい。理由はシンプル。まだ時間があるからだ。

まずは我究（自己分析）をし、自己理解を深める。そして、企業理解に挑戦しながらインターン選考に挑戦しよう。インターンに参加し、実際の業務を体験して仕事理解を深める。そして、インターンを通して社会人として仕事をするマインドセットを整えていく。このプロセスの中で就職活動やキャリアにおいて必要な、主体的な向上心が養われる。社会に出る前の学生として、自分の理想に向けて成長するためにはインターンは絶好のチャンスである。

企業はインターンでも本選考でも、実務でどれくらい高いパフォーマンスができるのかを知りたがっている。僕は、競争倍率が高い企業ほどその傾向にあると思っている。それは、新卒採用のあり方に変化が起こっているからだ。

新卒市場においても通年採用や職種別採用という言葉がよく聞かれるようになった。AI技術に長けた人材には、初年度から年収1000万円以上という条件を出す企業もある。年功序列で給料が上がるシステムが急になくなりはしない。しかし、時代は確実にシフトしている。事実、2025卒と2026卒のタイミングで就活のルールにも変化が起こっている。

会社に入って何をしたいのか。その理由は何か。
今までやってきたことを通して、会社でどんな価値を提供していきたいと思っているのか。

これらのことを、自信を持って語れるように学生生活を意識的に過ごす必要がある。大学は学びの場である。ゆえに未来の自分や社会を見据えて能動的に学び、自分の未来にわくわくする人が増えてほしい。

勘違いしてほしくないが、ここでの学びは座学だけではない。実際に体験したことを含めた経験もすべて学びになる。その量と質を高めるには没頭することが大事だ。


時代の流れによって変わるものもあるが、採用の本質はいつも一緒。

「一緒に働きたい人を探している」だけだ。


自分がほかの就活生よりもその一緒に働きたい人材であることを自ら証明するために、これからのインターンをフル活用してほしい。そのためにも没頭は大事だ。


就職活動をするにあたって、不安は大きい。

しかし、それは「何が不安かわからない」ことからくる不安でもある。

課題やゴールが見えればやるべきことが明確になる。

そして、その課題にアプローチし、成長し、成果を出せれば自分の理想に着実に近づける。

そして、今、我究館の館長として仕事をしている僕からこの本を読んでいる君に伝えたい。

「仕事は楽しい」と。

想像以上に、社会人はかっこよくて、志があって、楽しく仕事をしている。
その中に、きみの憧れを見つけ、全力で追いかけ、彼らの後輩になってみよう。
ここまで、この本を読んでくれたきみだったら絶対にできるはずだから。

これから続く学生生活の素晴らしい日々の中に、挑戦と成長、成功がありますように。
その経験を通してきみが夢や将来やりたいことを見つけられますように。

そして、その夢の実現へのスタートラインに立つために、きみが成長を遂げ、内定を勝ち取ることができますように。

我究館館長　藤本健司

［著者］
藤本健司（ふじもと・けんじ）
我究館館長。千葉大学教育学部卒業後、（株）毎日コムネット入社。営業に配属され、2年目に優秀社員賞、3年目に社長賞を受賞。2012年「世界の教育問題に対峙したい」との思いから、青年海外協力隊としてケニア共和国で活動。3年間、JICAや現地の省庁と連携し、児童福祉施設における情操教育やカウンセリングに携わり、「人は志や気づきによって大きな成長を遂げられる」ことを実感する。2016年より（株）ジャパンビジネスラボに参画。我究館学生校の主担当コーチとして大学生をサポート。2017年10月より副館長を務め、2021年5月より現職。外資系投資銀行、コンサルティングファーム、総合商社、広告代理店など、難関企業に多数の内定実績がある。著書に「絶対内定」シリーズがある。
ツイッター　@Kenji_Fujimon

キャリアデザインスクール・我究館
心から納得のいくキャリアの描き方と実現をサポートする就職・転職コーチングスクール。
1992年の創立以来、31年にわたり全業界に10200人の人材を輩出。
日本を代表するコーチ陣が、就職、転職、ロースクールや医学部進学、MBA留学、資格取得等、次の成長の機会を模索し、その実現に悩む人々をバックアップしている。

※絶対内定®は杉村太郎（株）の登録商標です。
※我究®、我究館®は（株）ジャパンビジネスラボの登録商標です。

絶対内定2025-2027 インターンシップ

2023年2月28日　第1刷発行

著　者――藤本健司
発行所――ダイヤモンド社
〒150-8409　東京都渋谷区神宮前6-12-17
https://www.diamond.co.jp/
電話／03･5778･7233（編集）　03･5778･7240（販売）
装丁――渡邊民人（TYPEFACE）
本文デザイン・DTP――谷関笑子（TYPEFACE）
校正――三森由紀子
製作進行――ダイヤモンド・グラフィック社
印刷――勇進印刷（本文）・加藤文明社（カバー）
製本――川島製本所
編集担当――朝倉陸矢

ISBN 978-4-478-11755-2